AF589041

C.

ÉCOLE

d'Harmonie et d'Accompagnement

ou

MÉTHODE

THÉORIQUE ET PRATIQUE

suivie d'Articles spéciaux

sur la Transposition et sur la Réduction au Piano des Partitions d'Orchestre

composée expressément pour

les Jeunes Pianistes

PAR

ADOLPHE LE CARPENTIER

Professeur d'Harmonie au Conservatoire.

Opera 48. *Prix 18f.*

NOTA. *Une Instruction, placée dans la Préface de cette Méthode, indique comment on pourra donner aux* **ENFANS** *les premières Notions de l'Harmonie*

PARIS, chez les Éditeurs de Musique
et chez L'AUTEUR, Rue du Petit Carreau [illegible]

A.L.

18[illegible]

A. Le Carpentier

PRÉFACE.

Ayant enseigné l'harmonie à un grand nombre d'élèves commencants, tant au Conservatoire que dans des leçons particulières, j'ai été à même de remarquer quelles étaient les formules les plus abregées et les plus compréhensibles pour de jeunes intelligences. C'est en partie d'après ces observations que j'ai composé ma méthode.

Voici le plan sur lequel j'ai établi cet ouvrage.

Après quelques explications élémentaires et indispensables, j'enseigne chaque accord en le faisant pratiquer sur le Piano dans des *EXERCICES* accompagnés de *REMARQUES EXPLICATIVES*, afin que la théorie se trouve réunie autant que possible à la pratique, et qu'elles se fassent comprendre l'une par l'autre.

Des *BASSES CHIFFRÉES*, ou *LEÇONS*, placées après chaque exercice ont pour but, de servir d'abord d'exercices d'accompagnement, et ensuite de faire résumer à l'élève, en les lui faisant écrire, les accords dont il aura pris connaissance en les pratiquant. Les *MODULATIONS*, les *NOTES DE PASSAGES*, les *IMITATIONS*, la *PÉDALE*, ainsi que la *TRANSPOSITION* et l'*ACCOMPAGNEMENT* de la *PARTITION* sont ensuite étudiés dans différents articles.

Si l'on veut donner les premières notions de l'harmonie à des ENFANS dont le raisonnement ne sera pas encore formé, on devra employer cette méthode de la manière suivante.

Il faudra que l'élève ait travaillé le Piano pendant assez de temps pour pouvoir pratiquer les exercices où les accords sont mis alternativement en usage. On lui dira seulement le nom de chaque nouvel accord qu'il pratiquera sur le Piano, sans entrer dans d'autres explications à moins qu'il ne les demande.

Après que l'élève se sera exercé de cette manière pendant un temps plus ou moins long, suivant ses dispositions, et qu'il connaitra instinctivement les accords, le professeur pourra lui faire accompagner et écrire les *LEÇONS*, et entrer alors dans des explications théoriques, qui seront d'autant mieux comprises, qu'elles viendront comme complément de ce que la pratique aura déjà fait entrevoir.

MÉTHODE D'HARMONIE

ET D'ACCOMPAGNEMENT.

ARTICLE PREMIER.

DE LA MÉLODIE ET DE L'HARMONIE.

On appelle *Mélodie*, plusieurs sons entendus l'un après l'autre, et formant un chant.

On appelle *Harmonie*, plusieurs sons entendus ensemble et formant des accords.

ARTICLE 2.

DE LA GAMME DANS LE MODE MAJEUR ET MINEUR.

Chaque note de la gamme a un nom qui lui est donné par rapport au ton principal.

La première note s'appelle *Tonique*; les autres sont nommées, *deuxième* et *troisième dégré*, *sous Dominante*, *Dominante* et *note sensible*: la huitième est la répétition de la tonique une octave au dessus.

Exemple:

La gamme est composée de cinq tons et deux demi-tons.

Dans le mode majeur, les demi-tons sont placés entre la troisième et la quatrième note, et entre la septième et la huitième.

Exemple:

GAMME D'UT MAJEUR.

Dans toutes les gammes majeures, les demi-tons sont placés de même.

Dans le mode mineur, le premier demi-ton est placé entre la deuxième et la troisième note: le second demi-ton est placé, comme dans le mode majeur, entre la septième et la huitième.

Exemple:

GAMME DE LA MINEUR.

Il en est de même pour toutes les gammes mineures.

ARTICLE 3.

DES INTERVALLES.

On appelle *Intervalle*, la distance d'un son à un autre.

L'*Intervalle* le plus petit est celui de *demi-ton*.

En partant d'Ut, et en parcourant l'un après l'autre les degrés de la gamme, on trouve sept *Intervalles* qui tirent leurs noms du nombre de degrés dont ils sont composés.

EXEMPLE.

Les deux notes de chaque Intervalle peuvent être entendues simultanément.

EXEMPLE.

Deux notes semblables, entendues l'une après l'autre, ou ensemble, s'appellent unisson

EXEMPLE.

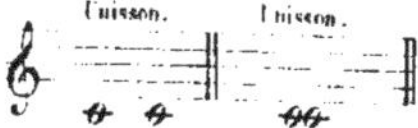

REMARQUE. Il faut toujours compter les intervalles en montant, c'est à dire en partant de la note la plus basse.(1)

ARTICLE 4.

DES INTERVALLES CONSONNANTS ET DISSONNANTS.

Les règles de l'harmonie étant basées sur l'effet produit à l'oreille par les sons, on a donné aux intervalles les noms de *Consonnances* et *Dissonnances* suivant qu'ils sont plus ou moins agréables à l'oreille.

La tierce, la quarte, la quinte, la sixte, et l'octave, sont des *Consonnances*.

(1) En doublant les intervalles on trouve ceux de neuvième, dixième, onzième, douzième, treizième, quatorzième et quinzième.

EXEMPLE.

Ces intervalles sont la répétition des premiers à l'octave au-dessus

Exemple

CONSONNANCES.

La Seconde et la Septième sont des *dissonnances.*

Exemple

DISSONNANCES.

La Tierce et la Sixte, ne donnant qu'une idée imparfaite du ton, on les a nommées *consonnances imparfaites.*

Exemple

CONSONNANCES IMPARFAITES.

La Quarte étant d'un effet vague, devra être appelée *consonnance faible.*

Exemple

CONSONNANCE FAIBLE.

La Quinte et l'Octave ont été nommées *Consonnances parfaites*, parcequ'elles donnent l'idée parfaite du ton.

Exemple

CONSONNANCES PARFAITES.

ARTICLE 5.

DES MOUVEMENTS.

Lorsque deux parties vont ensemble, elles peuvent procéder par trois mouvements, savoir: le *mouvement oblique*, le *mouvement contraire*, et le *mouvement semblable*.

Exemple

MOUVEMENT OBLIQUE.

Lorsqu'une partie reste en place, et que l'autre monte ou descend. Exemple.

MOUVEMENT CONTRAIRE.

Lorsque les parties vont en sens inverse. Exemple.

MOUVEMENT SEMBLABLE.

Lorsque les parties vont dans le même sens. Exemple.

ARTICLE 6.

DES MOUVEMENTS DES CONSONNANCES.

CONSONNANCES IMPARFAITES.

On peut faire plusieurs Tierces ou plusieurs Sixtes de suite par mouvement semblable, de la Basse à une partie supérieure.

Exemple

TIERCES DE SUITE.

par mouvement semblable

Bien.

SIXTES DE SUITE

par mouvement semblable.

Bien.

CONSONNANCES PARFAITES.

Il faut s'abstenir de faire deux quintes ou deux octaves de suite par mouvement semblable, de la Basse à une partie supérieure.

QUINTES DE SUITE

par mouvement semblable.

Mal.

OCTAVES DE SUITE.

par mouvement semblable,

Mal.

Ces règles sont les mêmes, lorsque ces mouvements se trouvent dans les parties supérieures.

Exemples.

TIERCES DE SUITE.

Bien.

QUINTES DE SUITE.

Mal.

SIXTES DE SUITE.

Bien.

OCTAVES DE SUITE. (1)

Mal.

Il faut éviter d'arriver sur une consonnance parfaite par mouvement semblable, mais seulement de la Basse à la première partie. Ces fautes s'appellent Quintes et Octaves cachées.

Exemple.

QUINTE CACHÉE. OCTAVE CACHÉE.

Il y a quelques exceptions à cette règle, il en sera parlé à mesure que les exemples se présenteront.

ARTICLE 7.

ACCORD PARFAIT.

L'*Accord Parfait*, ainsi nommé parcequ'il donne l'idée la plus parfaite du ton, se compose de Tierce et Quinte.

L'*Accord Parfait* est le seul qui donne le sentiment du repos, aussi c'est toujours par cet accord que l'on termine un morceau de musique.

On a vu plus haut, que la *Gamme Majeure* commençait par ces trois notes, (1 Ton 1 Ton; 1 2 3) et la *Gamme Mineure* par celles-ci. (1 Ton ½ Ton; 1 2 3) Les trois premières notes de la *Gamme Majeure* forment une *Tierce Majeure* composée de deux tons. Les trois premières notes de la *Gamme Mineure* forment une *Tierce Mineure* composée d'un ton et demi. Un Accord Parfait composé de *Tierce Majeure* et Quinte est un *Accord Parfait Majeur*: si la *Tierce* est *Mineure*, c'est un *Accord Parfait Mineur*.

Exemple.

On ajoute ordinairement à ces intervalles l'Octave de la note de Basse.

Exemple.

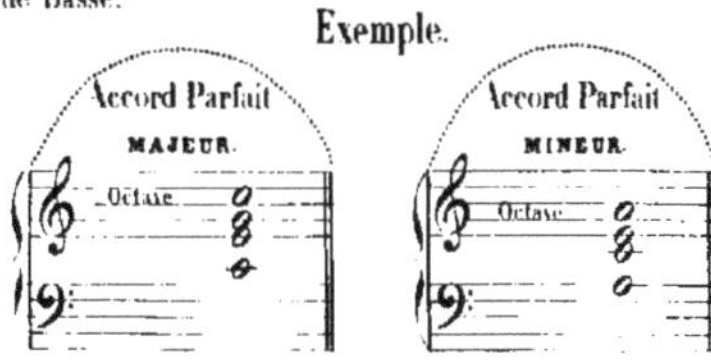

(1) On trouve souvent des passages écrits entièrement en Octaves. Ces Octaves sont alors appelées Unissons et sont admissibles parcequ'elles sont le redoublement d'une mélodie.

Exemple.

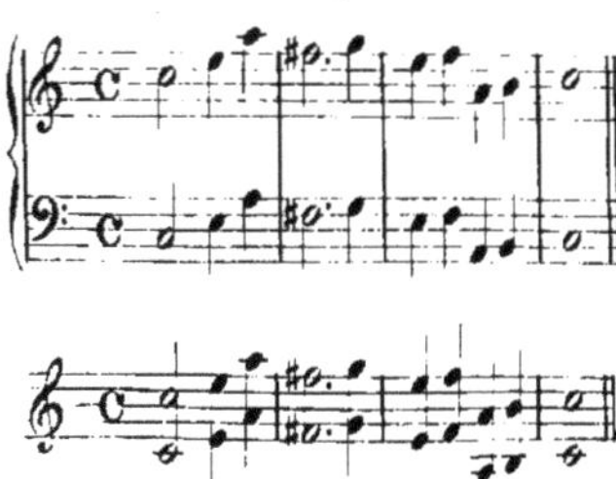

EXERCICES SUR L'ACCORD PARFAIT MAJEUR ET MINEUR.

Les Exercices suivants devront être joués très lentement.

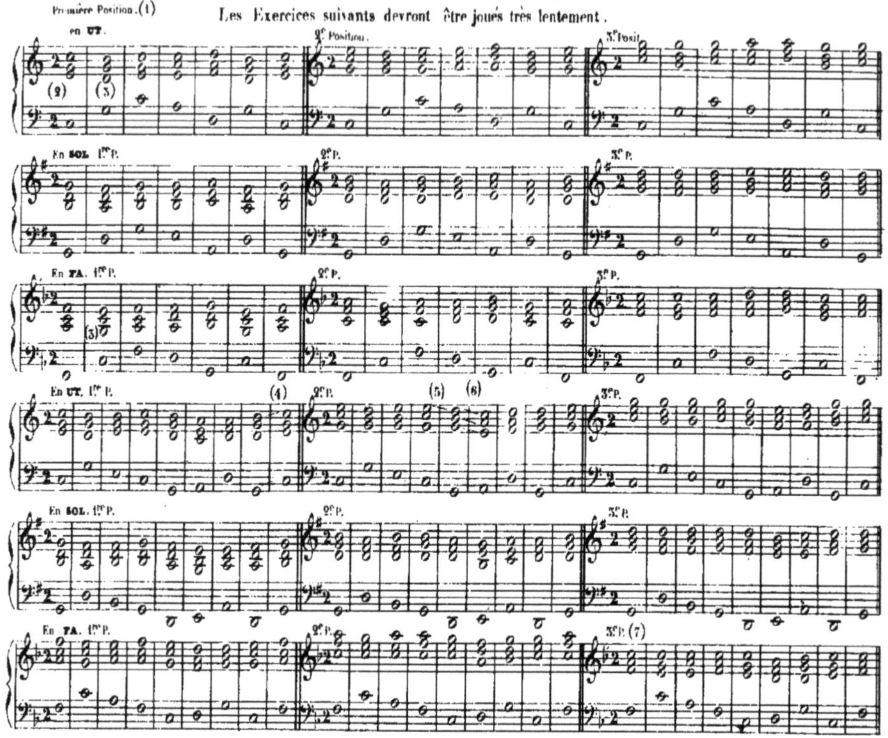

(1) On pratique les accords à trois *positions*, en mettant successivement à la partie inférieure, après la basse; la ***tierce***, la ***quinte***, et l'*octave* de l'*accord parfait* commençant chaque leçons.

EXEMPLE.

La meilleure de ces trois positions est la première, parce qu'elle présente l'accord dans sa disposition la plus naturelle.

On ne pratique les leçons à plusieurs positions qu'afin de se familiariser davantage avec chaque accord. Remarquez que les accords sont rapprochés les uns des autres afin que la position soit gardée pendant toute la leçon.

(2) Les Intervalles composant les accords conservent leurs **noms** quand bien même ils sont à une ou plusieurs octaves de leur véritable distance

(3) Pour éviter des quintes et des octaves de suite, ou pour conserver la position, il est indispensable d'intervertir quelquefois l'ordre des Intervalles composant les accords. Ainsi par exemple la quinte vient ici après la basse, et la tierce se trouve à la partie supérieure.

(4) Lorsque la basse fait un mouvement de quarte en ***montant***, il est permis d'arriver sur l'*octave* par mouvement semblable, de la basse à la première partie, pourvu que cette partie ne monte que d'une seconde

(5) Lorsque la basse fait un mouvement de quarte en ***descendant***, on peut arriver sur la ***quinte*** de la basse à la première partie, mais il faut que la partie supérieure ne descende que d'une seconde.

(6) Les fautes ayant toujours lieu entre consonnances parfaites allant par mouvement semblable, il faut, pour les éviter, employer souvent le mouvement contraire. Cela est indispensable surtout lorsque deux ***Accords Parfaits*** se suivent par ***degré conjoint***. On appelle ***degré conjoint*** le mouvement que font deux notes à distance de seconde. Les autres Intervalles sont des ***degrés disjoints***.

(7) Afin de rester autant que possible dans le médium du clavier, on peut quelquefois transporter une position à une octave inférieure ou supérieure.

LEÇONS SUR L'ACCORD PARFAIT MAJEUR ET MINEUR.

Les leçons suivantes devront être accompagnées et écrites aux trois positions.

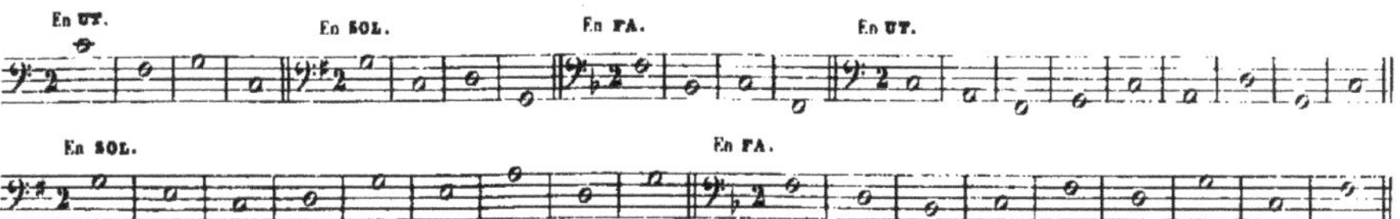

ARTICLE 8.

DES CHIFFRES ET DES SIGNES PLACÉS AUDESSUS DES NOTES DE LA BASSE.

Des chiffres et des signes, placés au dessus des notes de la basse, indiquent les accords qui doivent être faits sur ces notes: de là vient le nom de basse chiffrée. Les Solfèges sont, en grande partie, accompagnés par des basses chiffrées.

Ces chiffres correspondent à un ou plusieurs intervalles de l'accord: ainsi par exemple, l'*Accord parfait* composé de tierce, quinte et octave, peut être chiffré par 3, 5 ou 8. Lorsqu'un des intervalles doit être altéré par un ♯ ou un ♭, ou bien être remis dans son ton naturel par un ♮, on l'indique en plaçant un de ces signes devant le chiffre correspondant à l'intervalle qui doit être altéré.

L'accord parfait se chiffre, le plus ordinairement, par un 5. on verra plus loin dans quelles circonstances il doit être chiffré par un 3 ou un 8.

Lorsqu'un signe d'altération (♯, ♭ ou ♮;) est placé seul au dessus d'une note, ou dessous un 5 ou un 8, il sous entend l'*Accord parfait* avec la *tierce* altérée par le signe indiqué.

SUITE DES EXERCICES SUR L'ACCORD PARFAIT MAJEUR ET MINEUR.

MODULATION A LA DOMINANTE.

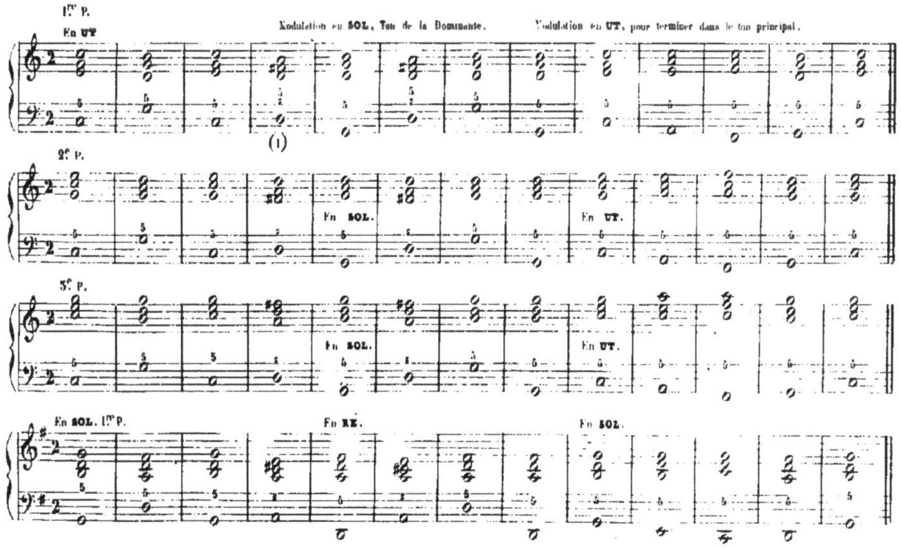

(1) Lorsqu'on passe d'un ton à un autre cela s'appelle moduler, ou faire une modulation. La modulation la plus usitée est celle qui consiste à passer du ton principal à celui de la dominante. Le ton de la dominante est le ton majeur ayant le plus de rapport avec la tonique.

On doit toujours terminer dans le ton principal.

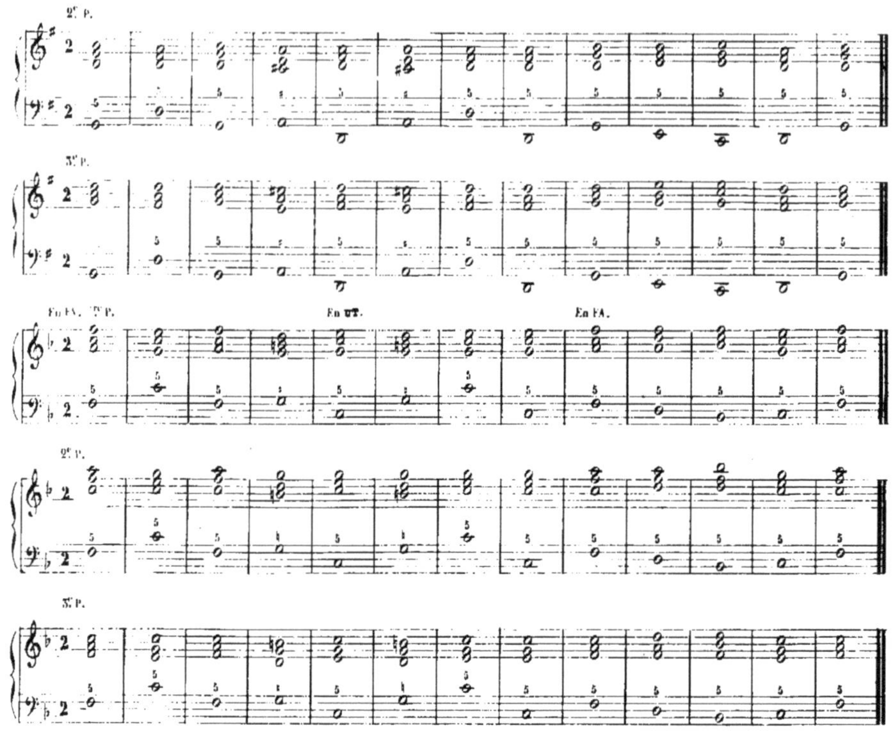

SUITE DES LEÇONS SUR L'ACCORD PARFAIT.

En accompagnant les leçons suivantes, l'Elève devra dire à quel moment et dans quel ton se fait la *Modulation*.

NOTA. Si l'Elève n'était pas suffisamment exercé par ces leçons, le professeur pourrait les lui transcrire dans d'autres tons, ou en écrire de nouvelles. On pourrait aussi se servir des Basses des *Exercices*.

Cette note s'applique à toutes les leçons de la méthode.

ARTICLE 9.

DU RENVERSEMENT DES ACCORDS.

On *renverse* un *accord*, en transportant la note de Basse à la partie supérieure. Lorsqu'un accord est composé de trois notes, comme par exemple l'*Accord Parfait;* il n'a que deux renversements. Lorsqu'il est composé de quatre notes, il a trois renversements. La note de Basse de l'accord primitif s'appellè Basse fondamentale. Remarquez que dans les différentes *Positions* données à un accord, la note de Basse reste toujours la même, tandis que dans les *Renversements*, c'est elle qui change de place.

ARTICLE 10.

DES RENVERSEMENTS DE L'ACCORD PARFAIT

MAJEUR ET MINEUR.

Le premier Renversement de l'*Accord Parfait* est composé de tierce et sixte. Il se nomme accord de *sixte* et se chiffre par 6. Son second Renversement est composé de quarte et sixte. Il se nomme accord de *quarte et sixte* et se chiffre par $\frac{6}{4}$.

Exemple.

On ajoute ordinairement, à ces accords, l'octave de la note de Basse.

EXERCICES SUR L'ACCORD DE SIXTE,

PREMIER RENVERSEMENT DE L'ACCORD PARFAIT.

(1) Une *note sensible*, placée dans les parties supérieures, fait un mauvais effet à l'oreille si elle ne monte pas à la tonique. Lorsqu'une *note sensible* montant à la tonique se trouve à la Basse, il ne faut jamais la doubler dans les parties supérieures; parcequ'au moment ou ces deux notes sensibles monteraient à la tonique, il en résulterait nécessairement deux octaves de suite. Dans *l'accord parfait* et ses renversemens on peut quelquefois doubler un intervalle de l'accord. On se sert de ce moyen pour garder une position ou pour éviter des fautes de consonnances parfaites par mouvement semblable.

(2) On peut quelquefois supprimer l'octave de la basse et ne mettre que deux notes à la partie supérieure. Remarquez que dans *l'accord parfait* et ses renversemens si l'on peut supprimer l'octave de la Basse, il est indispensable de faire entendre les deux autres notes de l'accord.

(3) Une barre, placée après un chiffre, indique que les notes du premier accord peuvent accompagner les notes de basse audessus desquelles elle se prolonge. On peut au second temps intervertir l'ordre des notes du premier accord. *Exemple*.....

Dans la mesure à Deux temps c'est le temps frappé qui à le plus d'effet; il faut éviter les quintes et les octaves de suite sur les temps frappés de deux mesures consécutives, lorsque la première de ces mesures renferme à la basse, deux notes portant la même harmonie *Exemple*.....

MAL.

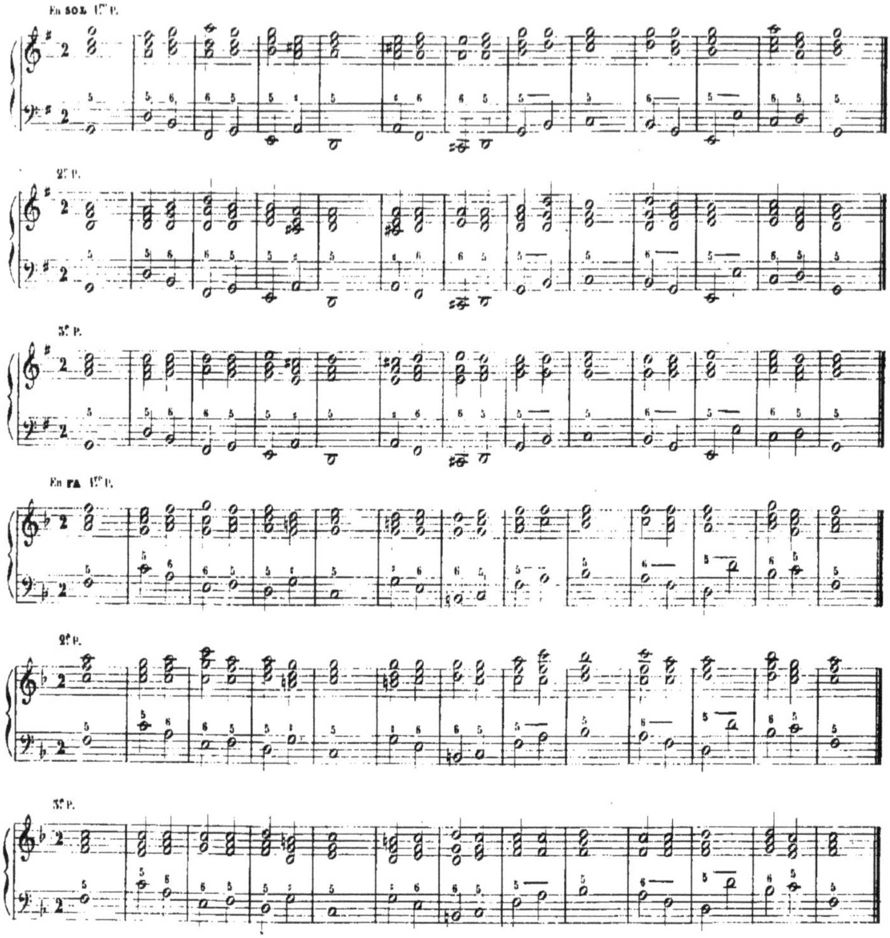

En SOL 1re P.
2e P.
3e P.
En FA 1re P.
2e P.
3e P.

LEÇONS SUR L'ACCORD DE SIXTE,

PREMIER RENVERSEMENT DE L'ACCORD PARFAIT.

En UT.
En SOL.
En FA.
En UT.
En SOL.
En FA.

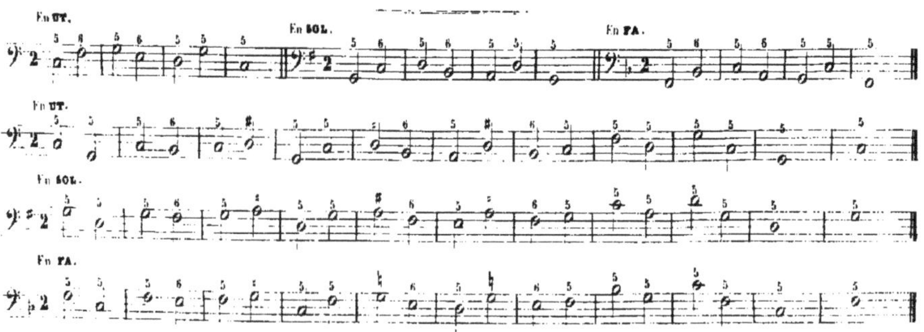

EXERCICES SUR L'ACCORD DE QUARTE ET SIXTE,

SECOND RENVERSEMENT DE L'ACCORD PARFAIT.

En UT. 1re P.

2e P.

3e P.

En SOL. 1re P.

2e P.

3e P.

En FA 1re P.

2e P.

3e P.

(1) On peut faire plusieurs accords sur une seule note de basse, lorsque cette note est surmontée de plusieurs chiffres à la suite l'un de l'autre.

(2) Lorsque la basse fait un mouvement d'octave en descendant, il est permis d'arriver sur la quinte par mouvement semblable, de la basse à la première partie, pourvu que cette partie ne descende que d'une seconde.

LEÇONS SUR L' ACCORD DE QUARTE ET SIXTE,

SECOND RENVERSEMENT DE L'ACCORD PARFAIT.

ARTICLE 10.

DES DIFFÉRENTES DÉNOMINATIONS DONNÉES À CHAQUE INTERVALLES.

Chaque intervalle peut se présenter sous plusieurs aspects. On a déjà vu qu'il y avait des tierces ***majeures*** et ***mineures***. Outre que les intervalles peuvent être ***majeurs*** et ***mineurs***, ils peuvent être aussi, ***justes***, ***diminués*** et ***augmentés***.

Suivant les dispositions de l'élève, le professeur fera apprendre de suite tous les intervalles ou bien fera prendre connaissance graduellement de ceux qui seront employés dans chaque nouvel accord.

CLASSIFICATION DES INTERVALLES.

SECONDES.

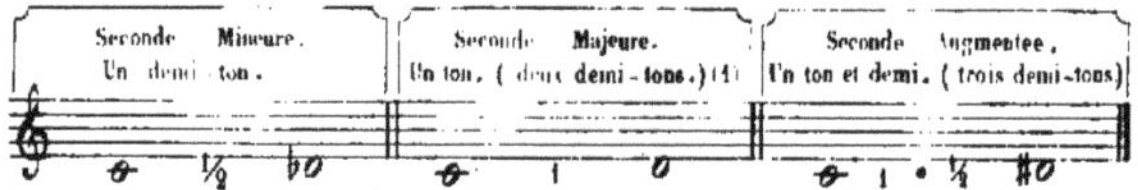

TIERCES.

QUARTES.

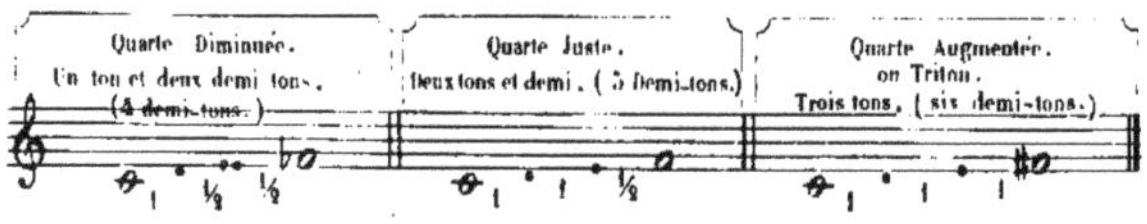

QUINTES.

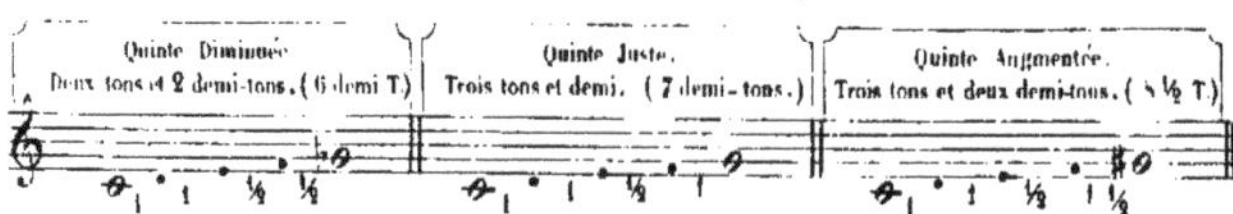

(1) Les *Intervalles* peuvent être classés par tons et demi-tons, ou seulement par demi-tons. J'ai indiqué ces deux classifications, l'élève choisira celle qui lui semblera la plus facile à retenir.

SIXTES.

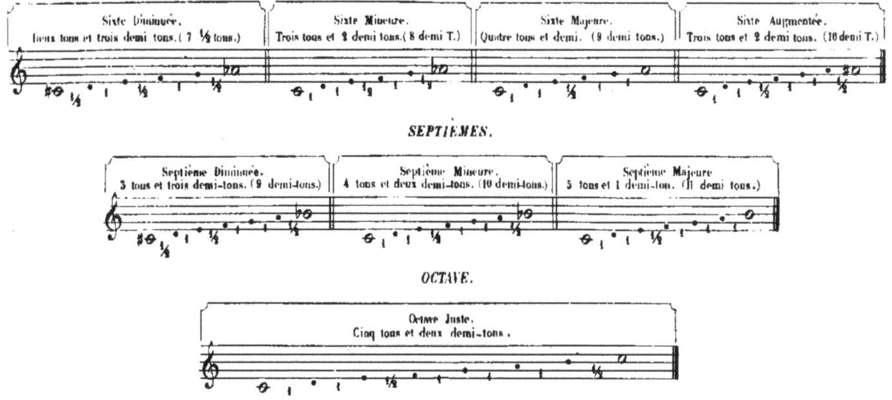

Les deux notes de chaque intervalles peuvent être entendues simultanément.

ARTICLE 11.

DU RENVERSEMENT DES INTERVALLES.

On renverse un *Intervalle* en transportant à la partie supérieure la note la plus grave, et en laissant l'autre à sa place. Un *Intervalle* n'étant composé que de deux notes, n'a qu'un seul renversement.

Exemple.

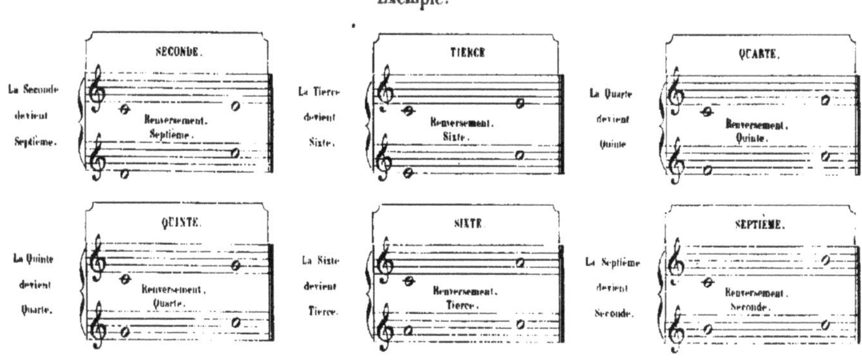

Le renversement d'un intervalle à toujours la qualité contraire de celle qui distingue l'intervalle renversé. De cette règle sont exceptés les intervalles justes, qui restent toujours justes à leurs renversemens.

Je vais donner seulement quelques exemples qui devront suffire pour faire comprendre à l'élève ces différentes mutations.

OBSERVATIONS SUR L'ACCORD PARFAIT

ET SES RENVERSEMENTS.

L'expérience m'a prouvé que l'***accord parfait*** et ses ***renversements*** sont tellement dans la nature de la gamme, que l'élève les trouve toujours sans s'occuper si les intervalles dont ils se composent doivent être ***majeurs***, ***mineurs*** ou ***justes***. Il m'a paru inutile, par cette raison, d'embarrasser l'élève de détails qui ne pourraient l'aider dans la pratique: j'ai parlé seulement de la tierce parce qu'elle caractérise l'accord parfait majeur et mineur.

Je vais donner, comme complément théorique, le nom des intervalles qualifiés composant l'***accord parfait*** et ses ***renversements***. J'indiquerai, en même temps, les notes de la gamme sur lesquelles ces accords peuvent se placer.

MODE MAJEUR.

L'***accord parfait majeur*** est composé de tierce majeure et quinte juste. Il se place sur la tonique, la sous dominante et la dominante. (Dans le mode mineur il peut se poser sur la dominante et le sixième degré, ou sixième note de la gamme.)

Son premier renversement (accord de ***sixte***), est composé de tierce mineure et sixte mineure. Il se place sur le troisième degré et sur la note sensible.

Son second renversement (accord de ***quarte et sixte***), est composé de quarte juste et sixte majeure. Il se place sur la tonique et la dominante.

MODE MINEUR.

L'***accord parfait mineur*** est composé de tierce mineure et quinte juste. Il se place sur la tonique et la sous dominante. (Dans le mode majeur il peut se poser sur le deuxième, le troisième et le sixième degré.)

Son premier renversement (accord de ***sixte***), est composé de tierce majeure et sixte majeure. Il se place sur le troisième degré et la note sensible.

Son second renversement (accord de ***quarte et sixte***), est composé de quarte juste et sixte mineure. Il se place sur la tonique et la dominante.

REMARQUE. Lorsqu'on dit qu'un accord se pose sur telle ou telle note, cela ne veut pas dire que ce même accord doit ***toujours*** être placé sur cette note, mais cela signifie seulement, qu'il est du nombre de ceux que l'on peut y placer sans détruire la tonalité. C'est-à-dire, le sentiment du ton ou de la gamme principale.

Les degrés désignés ci-dessus pour l'***accord parfait*** et son premier renversement (***accord de sixte***), sont ceux où ils sont posés le plus ordinairement. On peut les placer cependant sur tous les degrés de la gamme.

ARTICLE 12.

ACCORD DE QUINTE DIMINUÉE.

L'accord de ***quinte diminuée*** est composé de tierce mineure et quinte diminuée et se chiffre par 5̸.

On peut y ajouter l'octave de la note de basse.

Cet accord se pose sur la note sensible, dans le mode majeur.

Dans le mode mineur il se place sur le second degré.

Exemple.

On emploie cet accord beaucoup plus souvent dans le mode mineur que dans le majeur.

L'accord de ***quinte diminuée*** a une grande analogie avec l'***accord parfait***, puisqu'il est composé, comme cet accord, de tierce et quinte, mais il ne donne pas comme lui l'idée parfaite du ton et du repos.

EXERCICES SUR L'ACCORD DE QUINTE DIMINUÉE.

MODE MAJEUR.

Dans le mode majeur, l'accord de *quinte diminuée*, ne pouvant s'accompagner souvent que par deux notes, les exercices ne seront qu'à deux positions.

LEÇONS SUR L'ACCORD DE QUINTE DIMINUÉE.

MODE MAJEUR.

Les leçons suivantes ne devront être accompagnées et écrites qu'à deux positions.

(4)

En SOL.

En FA.

---

(1) L'octave de la basse est supprimée, dans cet accord, parce que, comme on l'a vu plus haut, il ne faut jamais doubler une ***note sensible*** montant à la ***tonique***. Lorsque l'accord de ***quinte diminuée*** est placé sur une ***note sensible*** montant à la ***tonique***, il faut que la ***quinte diminuée*** descende d'un degré sur l'accord suivant. Ce mouvement sera indiqué dans les exercices par une barre.

(2) La quinte est supprimée dans cet accord, afin de faire mieux sentir le mouvement de la quinte diminuée descendant à la tierce.

(3) Remarquez que la ***note sensible*** ne montant pas à la ***tonique***, on peut doubler la Basse dans les parties supérieures.

(4) En écrivant ces leçons l'élève devra indiquer par une barre le mouvement descendant de la quinte diminuée, lorsqu'elle est placée sur une note sensible montant à la tonique.

EXERCICES SUR L'ACCORD DE QUINTE DIMINUÉE.

MODE MINEUR.

LEÇONS SUR L'ACCORD DE QUINTE DIMINUÉE.

MODE MINEUR.

En LA.

En MI.

En RÉ.

DES RENVERSEMENTS DE L'ACCORD DE QUINTE DIMINUÉE.

Le premier renversement de l'accord de *quinte diminuée* est composé de tierce mineure et sixte majeure. Il se nomme accord de ***sixte***, et se chiffre par 6. (quelques auteurs le chiffrent par +6.)

Il se place, dans le mode majeur, sur le second degré ou seconde note de la gamme: et dans le mode mineur, sur le quatrième.

Son second renversement est composé de quarte augmentée et sixte majeure. Il se nomme accord de ***quarte et sixte***, et se chiffre par $^{+6}_{4}$.

Il s'emploie seulement dans le mode mineur, et se place sur le sixième degré. Cet accord est peu usité.

Exemple.

Accord de Quinte diminuée.
Quinte diminuée....
Tierce Mineure....
+ (chiffrage sous l'accord)

Accord de Sixte.
1er Renversement.
Sixte Majeure....
Tierce Mineure....
6

Accord de Quarte et Sixte.
2me Renversement.
Sixte Majeure....
Quarte Augmentée
$^{6}_{+4}$

On peut ajouter, à ces accords, l'octave de la basse.

EXERCICES SUR LES RENVERSEMENTS

DE L'ACCORD DE QUINTE DIMINUÉE.

Les renversemens de l'accord de *quinte diminuée* ayant beaucoup de rapport avec ceux de l'***accord parfait***, j'ai jugé inutile de les faire étudier l'un après l'autre. On les trouvera donc réunis dans les exercices et les leçons suivantes.

MODE MINEUR.

(1) On n'emploie deux accords de *quarte et sixte* de suite, que lorsqu'un de ces deux accords est un renversement de *quinte diminuée*, et qu'il est placé, comme ici, sur la sixième note descendant à la dominante.

LEÇONS SUR LES RENVERSEMENTS.

DE L'ACCORD DE QUINTE DIMINUÉE.

MODE MINEUR.

ARTICLE 13.

DES TEMPS FORTS ET FAIBLES DE LA MESURE.

Les mesures se divisent en ***temps forts*** et ***faibles***. Le temps ***fort*** est celui qui a le plus d'effet, c'est à dire que l'oreille remarque le plus. Dans les mesures à deux et trois temps c'est le ***premier*** temps qui est ***fort***. Dans la mesure à quatre temps, le ***premier*** et le ***troisième*** temps sont ***forts***: les autres temps sont ***faibles***.

Lorsque l'harmonie du temps ***fort*** se prolonge sur le temps ***faible***, il faut éviter les quintes et les octaves sur deux temps ***forts*** consécutifs.

Cette règle, dont il a déjà été parlé relativement à la mesure à deux temps, page 7, s'applique également aux mesures à trois et à quatre temps.

Exemple.

LEÇONS DANS DIFFÉRENTES MESURES.

Les leçons suivantes, en faisant repasser à l'élève, dans différentes mesures, les accords déjà étudiés, lui donneront en même tems une idée première des mouvemens de basse avec des ***notes de passage***.

Les leçons suivantes devront être accompagnées et écrites aux trois positions.

(1) On appelle *note de passage*, une note qui ne fait pas partie de l'harmonie indiquée par la basse et qui passe par degré conjoint entre deux notes de l'accord.

On trouvera (page 51), des explications plus étendues concernant les notes de passage.

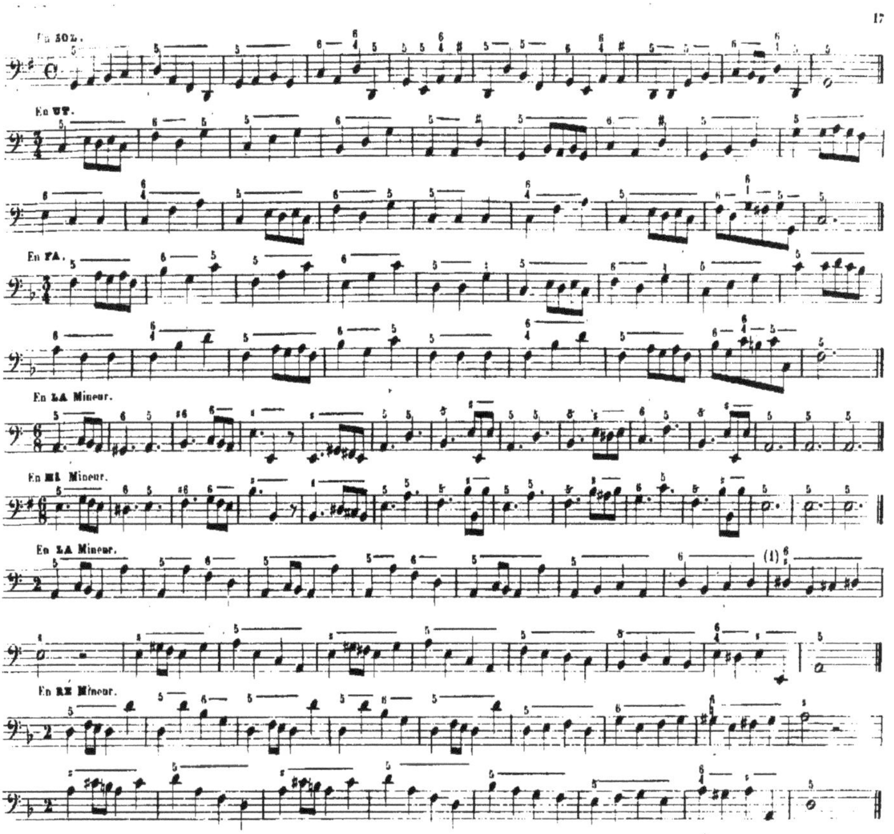

En SOL.
En UT.
En FA.
En LA Mineur.
En MI Mineur.
En LA Mineur.
(1)
En RE Mineur.

(1) Un signe d'altération placé sous un chiffre quelconque n'a d'effet que sur la *tierce* de l'accord indiqué par ce chiffre.

ARTICLE 14.

DE LA RÉSOLUTION DES DISSONANCES.

On a vu déjà qu'il y avait deux intervalles dissonnants: la *seconde* et la *septième*. La *seconde* étant considérée comme renversement de la *septième* il n'existe véritablement qu'une dissonnance primitive, qui est celle de *septième*.

La dissonnance doit toujours descendre d'un degré sur l'accord suivant. En descendant d'un degré la dissonnance fait sa *résolution*, une dissonnance se résout ordinairement sur une consonnance. Dans la *septième* la dissonnance est la note *supérieure* formant septième. Dans la *seconde*, c'est la note *inférieure*, ou renversement de la septième, qui est dissonnance.

Exemple.

RÉSOLUTION DES DISSONANCES DE SEPTIÈME ET DE SECONDE.

SEPTIÈME.
Résolution.
SECONDE.
Renversement
de la Septième.
Résolution.

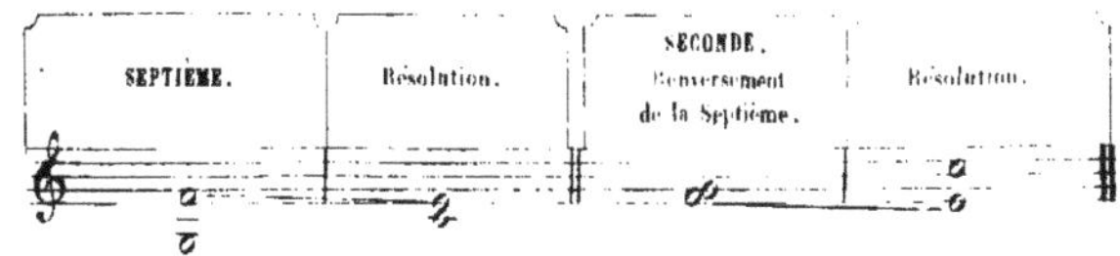

ARTICLE 15.

ACCORD DE SEPTIÈME DOMINANTE.

L'accord de ***septième dominante*** est composé de tierce majeure, quinte juste et septième mineure. Il se chiffre par 7+.

On peut y ajouter l'octave de la basse.

Cet accord se pose sur la dominante, dans les deux modes et fait sa résolution sur la tonique. La ***septième*** étant ***dissonnance*** descend d'un degré. La ***tierce*** est ***note sensible*** et monte d'un degré.

Exemple.

MODE MAJEUR. *MODE MINEUR.*

Accord de SEPTIÈME DOMINANTE. — Résolution. — Accord de SEPTIÈME DOMINANTE. — Résolution.

Septième mineure. Quinte juste. Tierce majeure. 7+ 3 (1) 7+ 3

En montant Ou en descendant.

Dominante. Dominante.

Des barres indiqueront, dans les exercices, la résolution de la septième et de la tierce.

EXERCICES SUR L'ACCORD DE SEPTIÈME DOMINANTE.

CADENCE PARFAITE.

MODE MAJEUR.

(1) Cette résolution, à la basse, est la plus naturelle; cependant elle n'est pas la seule qui soit admise. Je n'indiquerai, comme exemple dans toute cette Méthode, que les résolutions de basse les plus naturelles. (On en trouvera quelques autres dans les exercices et les leçons.)

On appelle résolution, à la basse, toute note déterminant le ton; ou sur laquelle une dissonnance se résout.

(2) La *septième dominante* s'accompagne presque toujours avec l'*octave* de la note de basse ajoutée aux autres intervalles, lorsque la *dominante* monte à la *tonique*.

CADENCE PARFAITE.

(3) Lorsque la dominante monte à la tonique, ce mouvement de basse s'appelle *cadence parfaite*. La dominante peut être chiffrée par l'accord parfait ou celui de septième dominante.

(4) L'*accord parfait* se chiffre par un 3 lorsqu'une note à *résolution fixe* se résout sur la tierce.

Remarquez que dans l'accord de *septième dominante*, la tierce et la septième ne doivent jamais être doublées. La *résolution* de ces intervalles étant *fixe*, s'ils étaient doublés il résulterait nécessairement des octaves par mouvement semblable au moment de cette résolution.

LEÇONS SUR L'ACCORD DE SEPTIÈME DOMINANTE.

MODE MAJEUR.

En écrivant les leçons suivantes, l'élève devra indiquer par des barres la résolution de la *septième* et de la *tierce* dans l'accord de *septième dominante*.

EXERCICE SUR L'ACCORD DE SEPTIÈME DOMINANTE.

MODE MINEUR.

3me P.

2me P.

1re P. En LA.

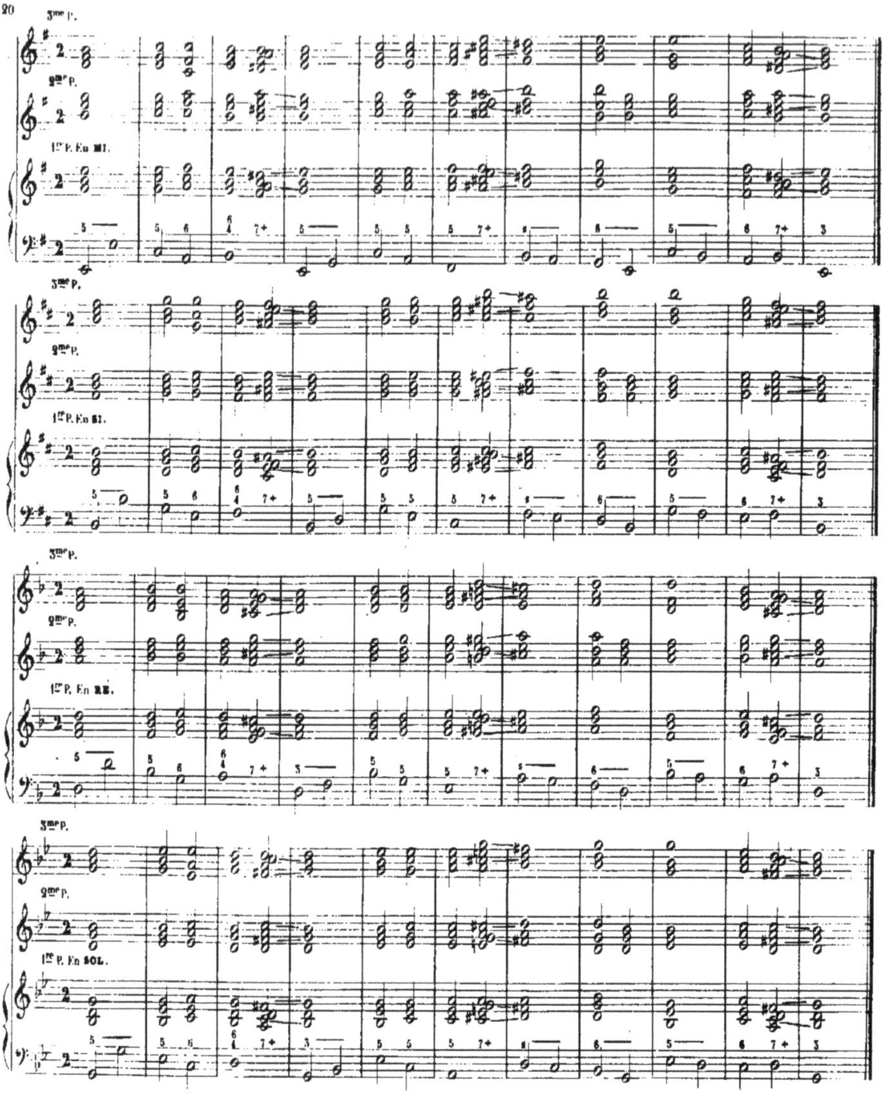
3me P.
2me P.
1re P. En MI.
3me P.
2me P.
1re P. En SI.
3me P.
2me P.
1re P. En RÉ.
3me P.
2me P.
1re P. En SOL.

LEÇONS SUR L'ACCORD DE SEPTIÈME DOMINANTE.

MODE MINEUR.

Il faudra, en écrivant ces leçons, que l'élève indique par des barres la résolution de la tierce et de la septième.

En LA.
En MI.
En SI.
En RÉ.
En SOL.

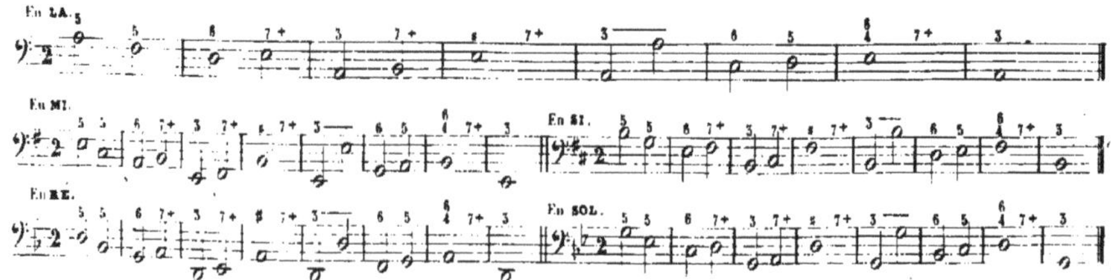

DES RENVERSEMENTS DE L'ACCORD DE SEPTIÈME DOMINANTE.

DANS LE MODE MAJEUR ET MINEUR.

Le premier renversement de l'accord de *septième dominante* est composé de tierce mineure, quinte diminuée et sixte mineure. Il se nomme accord de *sixte et quinte diminuée* et se chiffre par 6/5 il se pose sur la note sensible.

La *quinte* formant seconde contre la sixte est *dissonance* et descend d'un degré. La *note de basse* est *note sensible* et monte d'un degré.

Son second renversement est composé de tierce mineure, quinte juste et sixte majeure. Il se nomme accord de *sixte sensible* et se chiffre par 6 il se pose sur le deuxième degré.

La *tierce*, formant seconde contre la quarte est *dissonance* et descend d'un degré. La *sixte* est *note sensible* et monte d'un degré.

Son troisième renversement est composé de seconde majeure, quarte augmentée (ou triton) et sixte majeure. Il se nomme accord de *triton* et se chiffre par +4 il se pose sur le quatrième degré.

La *note de basse* formant seconde est *dissonance* et descend d'un degré. Le *triton* est *note sensible* et monte d'un degré.

Exemple:

MODE MAJEUR.

Accord de SEPTIÈME DOMINANTE	Résolution.	Accord de Sixte et Quinte diminuée, 1er renversement de la Septième Dominante.	Résolution.	Accord de Sixte Sensible, 2me Renversement de la Septième dominante.	Résolution.	Accord de Triton, 3me Renversement de la Septième dominante.	Résolution.
Septième mineure. Quinte juste. Tierce majeure.		Sixte mineure. Quinte diminuée. Tierce mineure.		Sixte majeure. Quarte juste. Tierce mineure.		Sixte majeure. Triton. Seconde majeure.	
7+	3	6/5	3	6	3	+4	6
Dominante.		Note sensible.		2me Degré.		4me Degré.	

Remarquez que la *septième* est toujours la note formant *dissonance* aux trois renversemens; et que la *note sensible* est alternativement *note de basse*, *sixte* et *triton*. Toutes ces règles concernant la *septième dominante* sont les mêmes pour les deux modes.

EXERCICES

SUR L'ACCORD DE SIXTE ET QUINTE DIMINUÉE,

PREMIER RENVERSEMENT DE LA SEPTIÈME DOMINANTE.

MODE MAJEUR.

Dans les exercices, des barres indiqueront toujours la *résolution* des notes à *résolution fixe* se trouvant dans les parties supérieures.

LEÇONS SUR L'ACCORD DE SIXTE ET QUINTE DIMINUÉE,

PREMIER RENVERSEMENT DE LA SEPTIÈME DOMINANTE.

MODE MAJEUR.

En écrivant, l'élève devra toujours indiquer par des barres la résolution des notes à ***résolution fixe***: tant dans ces leçons que dans toutes les suivantes.

EXERCICES SUR L'ACCORD DE SIXTE ET QUINTE DIMINUÉE,

PREMIER RENVERSEMENT DE LA SEPTIÈME DOMINANTE.

MODE MINEUR.

LEÇONS SUR L'ACCORD DE SIXTE ET QUINTE DIMINUÉE,

PREMIER RENVERSEMENT DE LA SEPTIÈME DOMINANTE.

MODE MINEUR.

EXERCICES SUR L'ACCORD DE SIXTE SENSIBLE,

SECOND RENVERSEMENT DE LA SEPTIÈME DOMINANTE.

MODE MAJEUR.

(1) Il se trouve ici *deux quintes de suite* par mouvement semblable. Ces quintes sont tolérées parce que l'une est juste et que l'autre est *diminuée*. Il faut autant que possible n'employer ce mouvement que dans les parties supérieures. *Exemple* .... tolérée.

On peut aller d'une *quinte juste* à une *quinte diminuée*: mais il faut éviter d'aller d'une *quinte diminuée* à une *quinte juste* .... *Exemple* mal.

On peut, de la basse à la partie supérieure, arriver sur la *quinte diminuée* par mouvement semblable. *Exemple* .... Toléré.

Il faudra, autant que possible, éviter ces mouvemens en écrivant les leçons d'harmonie.

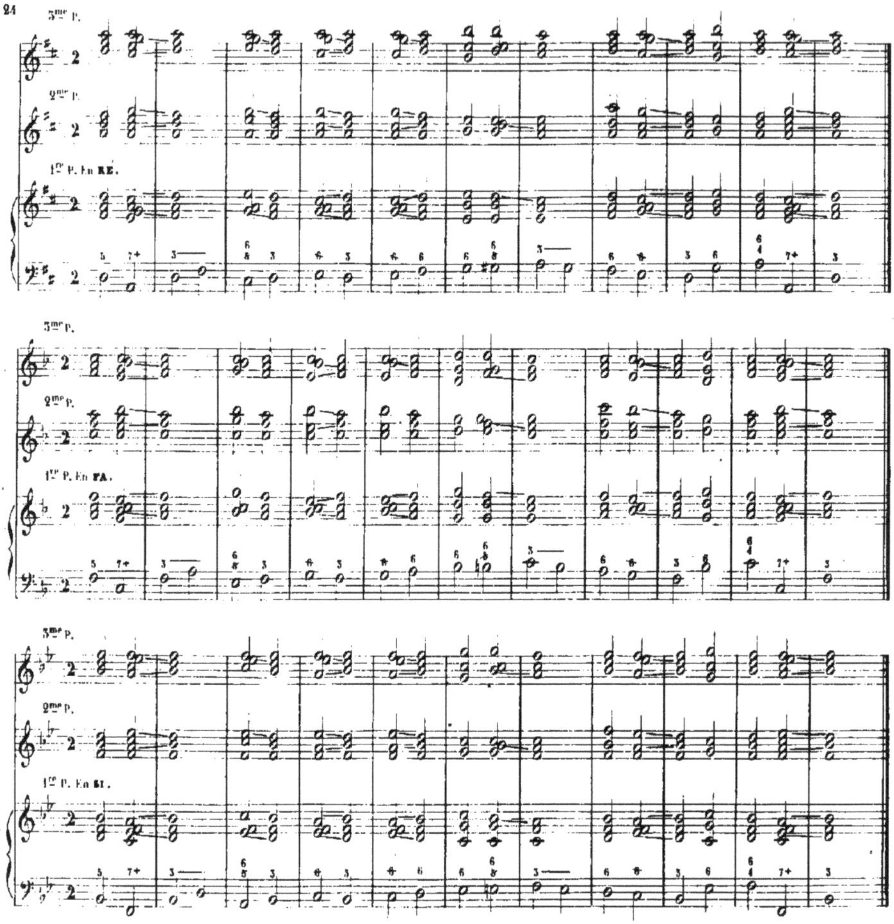
3me P.
2me P.
1re P. En RE.
3me P.
2me P.
1re P. En FA.
3me P.
2me P.
1re P. En SI.

LEÇONS SUR L'ACCORD DE SIXTE SENSIBLE,

SECOND RENVERSEMENT DE LA SEPTIÈME DOMINANTE.

MODE MAJEUR.

En UT.
En SOL.
En RE.
En FA.
En SI♭.

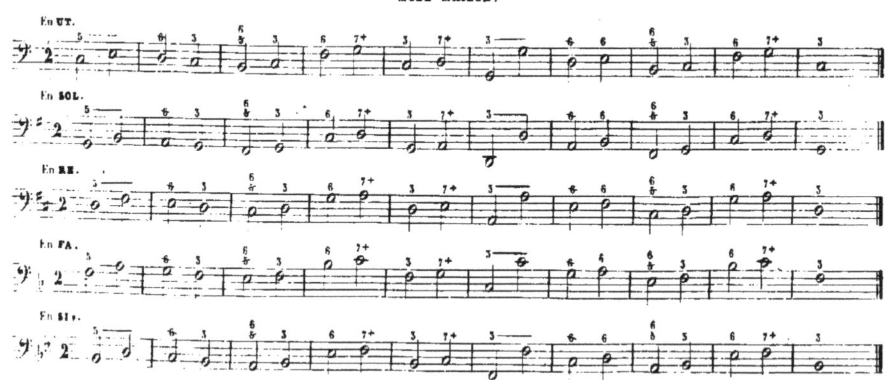

EXERCICES SUR L'ACCORD DE SIXTE SENSIBLE,

SECOND RENVERSEMENT DE LA SEPTIÈME DOMINANTE.

MODE MINEUR.

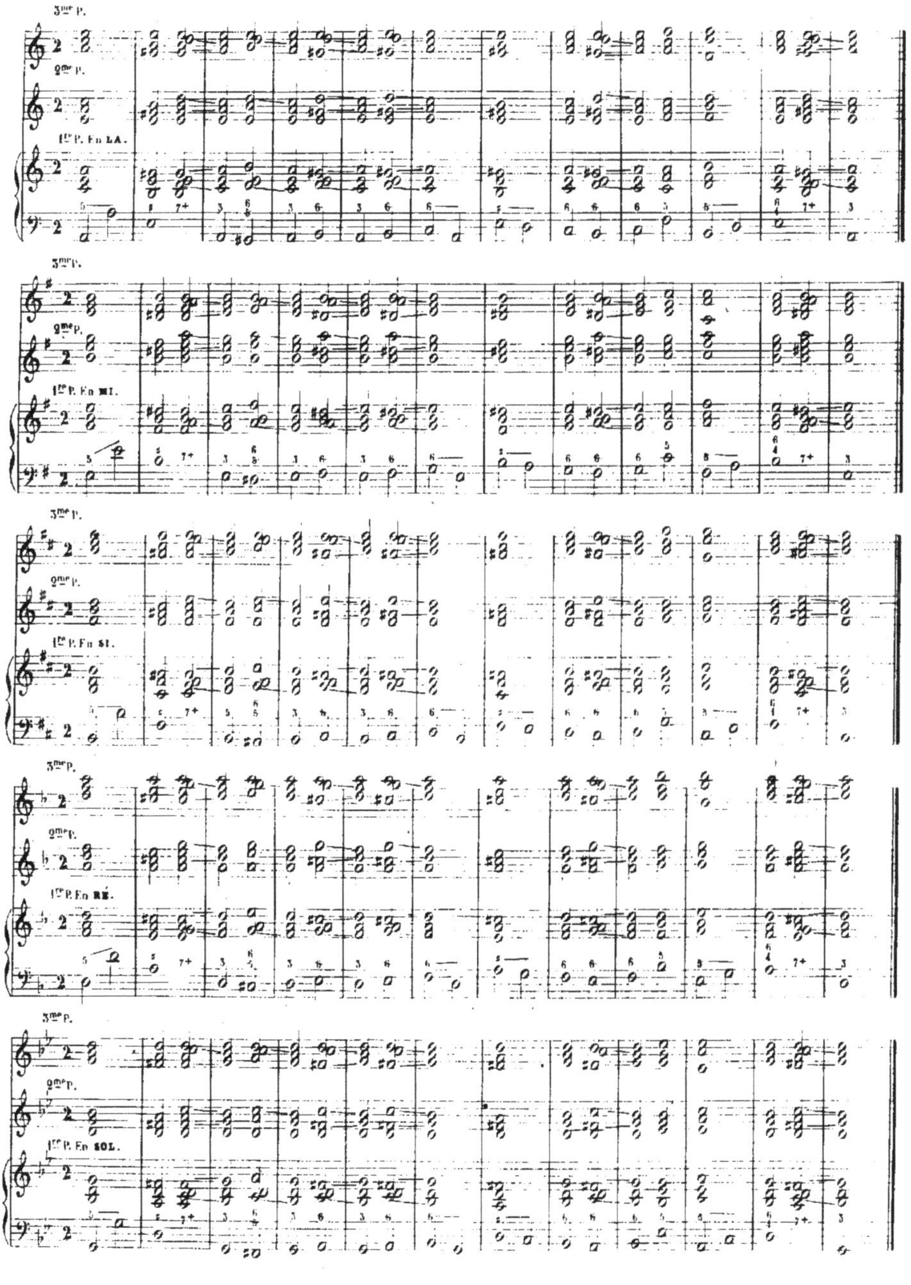

3me P.

2me P.

1re P. En LA.

3me P.

2me P.

1re P. En MI.

3me P.

2me P.

1re P. En SI.

3me P.

2me P.

1re P. En RÉ.

3me P.

2me P.

1re P. En SOL.

LEÇONS SUR L'ACCORD DE SIXTE SENSIBLE,

SECOND RENVERSEMENT DE LA SEPTIÈME DOMINANTE.

MODE MINEUR.

EXERCICES SUR L'ACCORD DE TRITON,

TROISIÈME RENVERSEMENT DE LA SEPTIÈME DOMINANTE.

MODE MAJEUR.

3me P.

2me P.

1re P. En UT.

3me P.

2me P.

1re P. En SOL.

3me P.

2me P.

1re P. En RE.

LEÇONS SUR L'ACCORD DE TRITON,

TROISIÈME RENVERSEMENT DE LA SEPTIÈME DOMINANTE.

MODE MAJEUR.

EXERCICES SUR L'ACCORD DE TRITON,

TROISIÈME RENVERSEMENT DE L'ACCORD DE SEPTIÈME DOMINANTE.

MODE MINEUR.

3me P.

2me P.

1re P. En LA.

LEÇONS SUR L'ACCORD DE TRITON,

TROISIÈME RENVERSEMENT DE LA SEPTIÈME DOMINANTE.

MODE MINEUR.

En LA.

En MI.

A cet endroit de la Méthode, l'élève copiera successivement la première position des exercices qu'il a pratiqué sur le Piano, en commençant au premier exercice sur l'accord de ***septième dominante*** (page 18,) et d'après ces accords il écrira la basse chiffrée.

Exemple.

Première position du premier exercice sur l'accord de septième dominante, tel qu'on devra le copier sur cahier.

Ce travail, en faisant repasser à l'élève, par un procédé différent, ce qu'il a déjà étudié, commencera à développer en lui le sentiment des basses.

Les basses chiffrées, ou leçons, devront être copiées sans chiffres par l'élève qui, ensuite, les chiffrera lui même. On commencera à la première leçon sur l'accord de ***septième dominante***. (page 19.)

ARTICLE 16.

RÈGLE DE L'OCTAVE, OU GAMME HARMONIQUE.

Les accords étudiés précédemment sont ceux qui caractérisent le plus fortement la tonalité. Il est utile de s'exercer à les pratiquer en parcourant une gamme montante et descendante. Cet exercice s'appelle ***Règle de l'octave*** ou ***Gamme harmonique***.

L'élève devra accompagner et écrire les *gammes harmoniques* seulement à la première position.

MODE MAJEUR.

En UT.

MODE MINEUR.

(1) Cette Sixte est augmentée.

ARTICLE 17.

DES MODULATIONS.

La modulation ***à la dominante***, employée dans les exercices et les leçons précédentes, n'est pas la seule qui soit admise. Je vais donner le tableau de celles qui sont les plus usitées dans les deux modes, en prenant pour exemple le ton d'Ut majeur et de La mineur.

TABLEAU DES MODULATIONS LES PLUS USITÉES

DANS LE MODE MAJEUR ET MINEUR.

MODE MAJEUR.	*MODE MINEUR.*
UT Majeur. (Ton principal.)	LA Mineur. (Ton principal.)
LA Mineur. (Ton relatif.)	UT Majeur. (Ton relatif.)
SOL Majeur. (Dominante.)	MI Mineur. (et Majeur, comme Dominante.)
MI Mineur.	SOL Majeur.
FA Majeur. (Sous-dominante.)	RÉ Mineur. (Sous-Dominante.)
RÉ Mineur.	FA Majeur.

LEÇONS SUR LES MODULATIONS LES PLUS USITÉES.

MODE MAJEUR.

(1) Remarquez que le plus ordinairement la modulation se fait sentir au moyen d'un ***signe accidentel*** caractérisant une ***note sensible***, à la basse ou dans les parties supérieures. La ***septième dominante*** et ses renversemens sont les accords employés le plus fréquemment pour moduler.

Les leçons précédentes passent, comme exemple, dans les tons ayant le plus de rapport avec le ton principal; il n'est cependant pas obligatoire de faire entendre tous ces tons dans un morceau ou dans une basse, et, pourvu qu'on ne s'écarte pas des ***modulations naturelles***, il est indifférent que l'on fasse entendre une ou plusieurs modulations; comme on le verra en pratiquant les leçons suivantes.

LEÇONS DANS DIFFÉRENTES MESURES.

MODE MAJEUR.

En UT.

En SOL.

En UT.

En FA.

En LA.

MODE MINEUR.

En MI.

Lorsqu'un chiffre est placé au dessus d'un silence, il faut frapper sur ce silence l'accord de la note qui le suit immédiatement.

ARTICLE 18.

ACCORD DE SEPTIÈME SENSIBLE.

L'accord de ***septième sensible*** est composé de tierce mineure, quinte diminuée et septième mineure, il se chiffre par 7/5, il se pose sur la note sensible, dans le mode majeur, et fait sa résolution sur la tonique. La ***septième*** et la ***quinte*** descendent toutes deux d'un degré. La note de Basse ne doit jamais être doublée.

MODE MAJEUR.

Exemple.

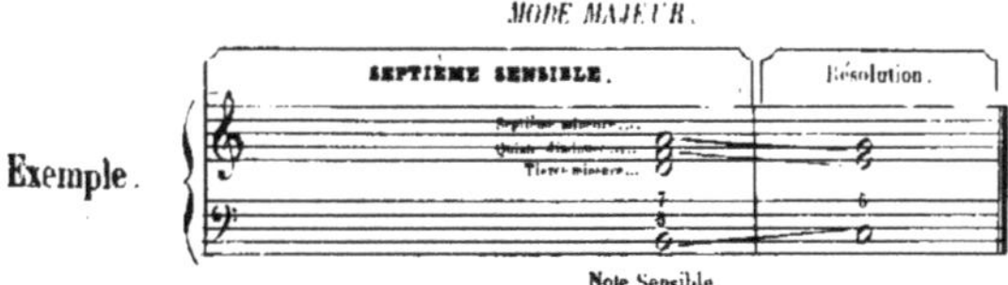

Lorsque la ***septième sensible*** est placée dans le mode mineur, elle se pose sur la seconde note et se nomme ***septième de seconde***. Cependant comme pour plus de clarté, chaque accord doit être reconnu par l'élève à la vue seule du chiffre qui le représente, j'appelle également cet accord ***septième sensible*** quand il est employé dans le mode mineur.

Dans le mode mineur la ***septième sensible***, (ou ***septième de seconde***) fait sa résolution sur la dominante.

Exemple

MODE MINEUR.

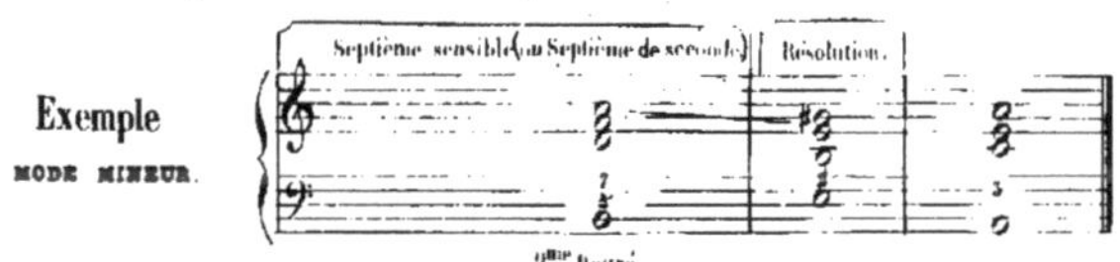

Dans la résolution de cet accord, on remplace souvent l'accord parfait par la Septième Dominante.

EXERCICES SUR L'ACCORD DE SEPTIÈME SENSIBLE.

MODE MAJEUR ET MINEUR.

(1) La septième étant une dissonnance, doit nécessairement descendre d'un degré. voyez, pour le mouvement de la quinte diminuée, la première remarque de la page 13.

(2) L'***accord parfait*** est chiffré ici par un 5, parce que la septième précédente fait sa ***résolution*** sur la quinte.

(3) Dans le ***mode mineur***, la septième de cet accord est presque toujours ***préparée***, c'est à dire entendue au temps précédent, à la même partie, et par une note d'une valeur au moins égale à la sienne. La note de basse n'étant pas note sensible peut être doublée: cependant on s'en abstient généralement parce que l'effet n'en est pas agréable à l'oreille.

(4) Dans le mode majeur on peut supprimer la tierce de la septième sensible, l'effet en est m... plus doux. La tierce est supprimée ici afin d'éviter deux quintes de suite dans les parties supérieures.

3me

2me

1re P. En SOL.

3me

2me

1re P. En FA.

LEÇONS SUR L'ACCORD DE SEPTIÈME SENSIBLE.

DES RENVERSEMENTS DE L'ACCORD DE SEPTIÈME SENSIBLE.

Le premier renversement de l'accord de *septième sensible* est composé de tierce mineure, quinte juste et sixte majeure. Il se nomme accord de *quinte et sixte sensible* et se chiffre par $^{+6}_{\ 5}$. (quelques auteurs le chiffrent par $^{6}_{5}$.) Il se pose sur le deuxième degré dans le mode majeur, et sur le quatrième dans le mode mineur.

La *quinte* formant seconde contre la sixte est *dissonance* et descend d'un degré. Dans le mode majeur, la *sixte* est *note sensible* et monte d'un degré.

Son second renversement est composé de tierce majeure, triton et sixte majeure. Il se nomme accord de *triton avec tierce majeure* et se chiffre par $^{+4}_{\ 3}$. Il se pose sur le quatrième degré dans le mode majeur, et sur le sixième dans le mode mineur.

La *tierce* formant seconde contre la quarte est *dissonance* et descend d'un degré. Dans le mode majeur la *sixte* est *note sensible* et monte d'un degré.

Son troisième renversement est composé de seconde majeure, quarte juste et sixte mineure. Il se nomme accord de *seconde* et se chiffre par 2. Il se pose sur le sixième degré dans le mode majeur, et sur la tonique dans le mode mineur.

La *note de basse* formant seconde est *dissonance* et descend d'un degré.

Exemple.

MODE MAJEUR.

Accord de Septième Sensible.	Resolution.	Accord de Quinte et Sixte Sensible 1er Renversement de la Septième sensible.	Resolution.	Accord de Triton avec Tierce Majeure 2me Renversement de la 7me Sensible.	Resolution.	Accord de Seconde 3me Renversement de la Septième Sensible.		Résolution plus usitée.
Note Sensible.		2me Degré.		4me Degré.		6me Degré.		

MODE MINEUR.

2me Degré. 4me Degré. 6me Degré. Tonique.

EXERCICES SUR L'ACCORD DE QUINTE ET SIXTE SENSIBLE,

PREMIER RENVERSEMENT DE LA SEPTIEME SENSIBLE.

MODE MAJEUR ET MINEUR.

3me P.

2me P.

1re P. En SOL.

(1) Cet accord ne doit jamais se résoudre sur un mouvement de basse descendant d'un dégré, car il en résulterait deux quintes de suite. *Exemple* ....

(2) C'est dans cette disposition que l'accord de *quinte et sixte sensible* fait le meilleur effet.

3me P.

2me P.

1re P. En FA.

LEÇONS SUR L'ACCORD DE QUINTE ET SIXTE SENSIBLE,

PREMIER RENVERSEMENT DE LA SEPTIÈME SENSIBLE.

MODE MAJEUR ET MINEUR.

EXERCICES SUR L'ACCORD DE TRITON AVEC TIERCE MAJEURE,

SECOND RENVERSEMENT DE LA SEPTIÈME SENSIBLE.

MODE MAJEUR ET MINEUR.

(1) C'est dans cette disposition que l'accord de *triton avec tierce majeure* fait le meilleur effet.

LEÇONS SUR L'ACCORD DE TRITON AVEC TIERCE MAJEURE,

SECOND RENVERSEMENT DE LA SEPTIÈME SENSIBLE.

MODE MAJEUR ET MINEUR.

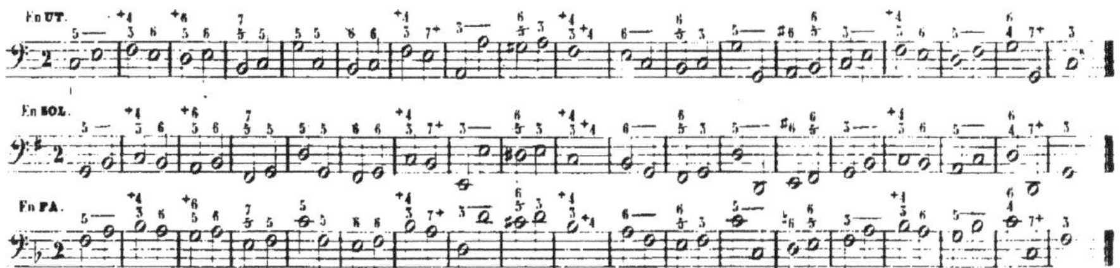

EXERCICES SUR L'ACCORD DE SECONDE,

TROISIÈME RENVERSEMENT DE LA SEPTIÈME SENSIBLE.

MODE MAJEUR ET MINEUR.

(1) Dans l'accord de *seconde*, la dissonnance peut être attaquée sans préparation. Cet accord est cependant beaucoup plus usité en préparant la dissonnance qu'en ne la préparant pas.

LEÇONS SUR L'ACCORD DE SECONDE,

TROISIÈME RENVERSEMENT DE LA SEPTIÈME SENSIBLE.

MODE MAJEUR ET MINEUR.

L'accord de ***septième sensible***, et les suivans, ne déterminent pas aussi précisément le ton que les accords étudiés précédemment. En conséquence, il deviendrait très difficile à l'élève de récapituler de suite ces derniers accords par le procédé indiqué plus haut pour la ***septième dominante***. Il faudra donc continuer d'étudier les accords jusqu'à la fin de la Méthode sans les récapituler de cette manière.

Lorsque ce travail sera terminé, l'élève ayant alors plus d'expérience, on reprendra à l'accord de ***septième sensible***, et l'on suivra encore jusqu'à la fin de la Méthode, en récapitulant les accords de la manière indiquée pour la ***septième dominante*** page 28.

Cette étude, du reste, sera subordonnée aux dispositions de l'élève, et le professeur pourra, suivant qu'il le jugera à propos, y donner plus ou moins d'importance.

ARTICLE 19.

ACCORD DE SEPTIÈME DIMINUÉE.

L'accord de ***septième diminuée*** est composé de tierce mineure, quinte diminuée et septième diminuée. Il se chiffre par 7. il se pose sur la note sensible, dans les deux modes, et fait sa résolution sur la tonique.

La ***note de basse***, étant ***note sensible***, ne devra jamais être doublée dans les parties supérieures. La ***septième*** et la ***quinte*** descendent toutes deux d'un degré.

Exemple.

ACCORD DE SEPTIÈME DIMINUÉE. UT Majeur.	RÉSOLUTION.	ACCORD DE SEPTIÈME DIMINUÉE. LA Mineur.	RÉSOLUTION.
Septième Diminuée. Quinte Diminuée. Tierce Mineure.		Septième diminuée. Quinte diminuée. Tierce Mineure.	

Cet accord est beaucoup plus usité dans le mode mineur que dans le majeur.

Quelques auteurs le nomment accord de ***septième sensible du mode mineur***.

EXERCICES SUR L'ACCORD DE SEPTIÈME DIMINUÉE

MODE MINEUR ET MAJEUR.

3me P.

2me P.

1re P. En LA.

(1)

3me P.

2me P.

1re P. En MI.

3me P.

2me P.

1re P. En RÉ.

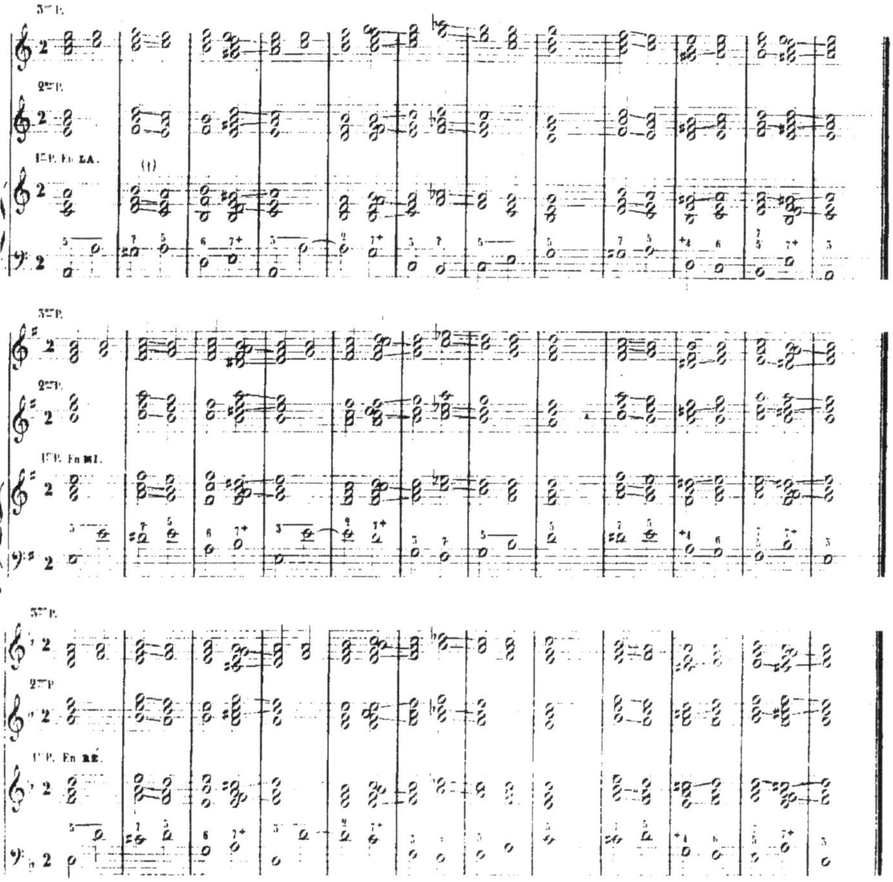

LEÇONS SUR L'ACCORD DE SEPTIÈME DIMINUÉE

MODE MINEUR ET MAJEUR.

En LA.

En MI.

En RÉ.

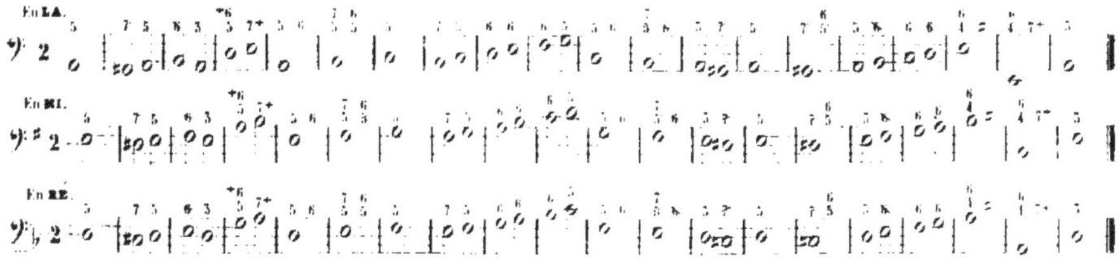

(1) Les deux premières remarques concernant la *septième sensible* s'appliquent également à la *Septième diminuée* Voyez Page 55.

(2) On peut quelquefois retrancher la tierce de l'accord de *Septième diminuée*.

DES RENVERSEMENTS DE L'ACCORD DE SEPTIÈME DIMINUÉE.

Les explications qui vont etre données concernant les renversements de la *Septieme Diminuee* s'appliquent egalement au *Mode Majeur et Mineur*.

Le premier renversement de l'accord de *Septième Diminuée* est composé de tierce mineure, Quinte diminuée et Sixte majeure. Il se nomme accord de *Quinte diminuée* et *Sixte sensible*, et se chiffre par $^{+6}_{5}$. Il se place sur le second degré.

La *Quinte* formant Seconde contre la Sixte est *Dissonnance* et descend d'un degré. La *Sixte* est *Note Sensible* et monte d'un degré.

Son second renversement est composé de Tierce mineure, Quarte augmentée et Sixte majeure. Il se nomme accord de *Triton avec Tierce mineure* et se chiffre par $^{+}4$, ou par $^{+4}_{3}$, si la tierce est naturellement mineure. Il se pose sur le quatrième degré.

La *Tierce* formant seconde contre la quarte est *Dissonnance* et descend d'un degré. Le *Triton* est *Note Sensible* et monte d'un degré.

Son troisième renversement est composé de Seconde augmentée, Quarte augmentée et Sixte majeure. Il se nomme accord de *Seconde augmentée* et se chiffre par $^{+}2$. Il se pose sur la sixieme note du ton. La *Note de Basse* formant seconde est *Dissonnance* et descend d'un degré. La note *Supérieure* de la Seconde est *Note sensible* et monte d'un degré.

Exemple.

UT MAJEUR.

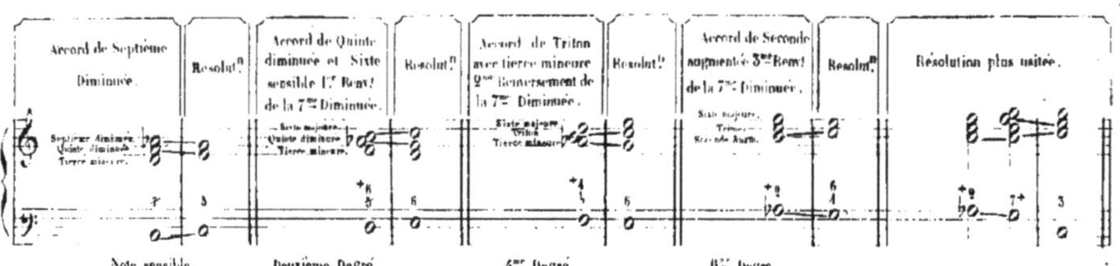

MODE MINEUR.

Résolution plus usitée.

Note sensible. 2.me Degré. 4.me Degré. 6.me Degré.

Ces renversements, ainsi que l'accord dont ils dérivent, sont beaucoup plus usités dans le mode *Mineur* que dans le *Majeur*. Dans ce dernier mode, ils ne sont employés que comme licence.

EXERCICES SUR L'ACCORD DE QUINTE DIMINUÉE ET SIXTE SENSIBLE,

PREMIER RENVERSEMENT DE LA SEPTIÈME DIMINUÉE.

MODE MINEUR ET MAJEUR.

3.e P.

2.e P.

1.e P. En LA.

3me P.

2me P.

1re P. En MI.

3me P.

2me P.

1re P. En RÉ.

LEÇONS SUR L'ACCORD DE QUINTE DIMINUÉE ET SIXTE SENSIBLE,

PREMIER RENVERSEMENT DE LA SEPTIÈME DIMINUÉE.

MODE MINEUR ET MAJEUR.

En LA.

En MI.

En RÉ.

EXERCICES SUR L'ACCORD DE TRITON AVEC TIERCE MINEURE,

SECOND RENVERSEMENT DE LA SEPTIÈME DIMINUÉE.

MODE MINEUR ET MAJEUR.

3me P.

2me P.

1re P. En LA.

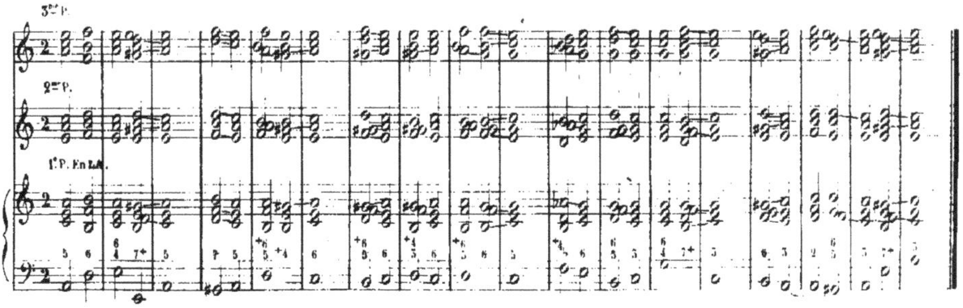

LEÇONS SUR L'ACCORD DE TRITON AVEC TIERCE MINEURE,

SECOND RENVERSEMENT DE LA SEPTIÈME DIMINUÉE.

MODE MINEUR ET MAJEUR.

EXERCICES SUR L'ACCORD DE SECONDE AUGMENTÉE,

TROISIÈME RENVERSEMENT DE LA SEPTIÈME DIMINUÉE.

MODE MINEUR ET MAJEUR.

3e P.

2e P.

1e P. En LA

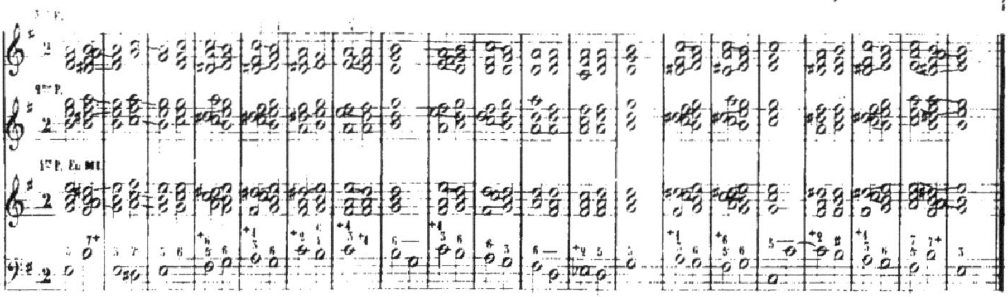

3me P.

2me P.

1re P. En MI.

3me P.

2me P.

1re P. En RÉ.

LEÇONS SUR L'ACCORD DE SECONDE AUGMENTÉE.

TROISIÈME RENVERSEMENT DE LA SEPTIÈME DIMINUÉE.

MODE MINEUR ET MAJEUR.

En LA.

En MI.

En RÉ.

Les Accords étudiés précédemment, et qui peuvent être attaqués sans préparation, forment l'HARMONIE SIMPLE.

ARTICLE 20.

HARMONIE COMPOSÉE.

Les **Accords** dont il sera question dans cet article, sont produits par la ***Prolongation*** d'une ou plusieurs notes d'un accord, retardant une ou plusieurs notes de l'accord suivant. Les accords de ***Prolongation*** forment l'HARMONIE COMPOSÉE.

Dans cette deuxième catégorie, la note qui est ***Prolongation*** ou ***Retard*** doit toujours être ***préparée***. (1)

Ces **accords**, appelés aussi ***Accords*** de ***Suspension***, peuvent se placer indistinctement sur toutes les notes de la gamme. Ils ne caractérisent point la tonalité.

RETARD DE LA SIXTE, PRODUISANT UN ACCORD DE SEPTIÈME MIXTE.

Le **retard** de la sixte produit un accord de septième, composé de tierce et septième, et qui se chiffre par 7. On peut y ajouter quelquefois l'octave ou la quinte de la Basse.

La ***Septième*** doit être ***préparée*** et descendre d'un dégré.

Les **Intervalles** composant cet **accord** sont majeurs ou mineurs suivant le ton où il est employé. Lorsque les Intervalles de cette **septième** doivent être altérés par d'autres signes que ceux placés à la clef, un signe d'altération est placé dessous le 7, pour la tierce, ou devant le 7, pour la septième.

(1) C'est à dire entendue au temps précédent, à la même partie, et par une note d'une valeur égale au moins à la sienne. Cette dernière règle n'est cependant pas toujours de rigueur, surtout dans la mesure à trois temps. Une dissonance doit toujours être préparée par une consonnance.

J'appelle cet Accord, *septième mixte*, parce que les Intervalles qui le composent peuvent être majeurs ou mineurs.

EXEMPLE.

Harmonie Simple. | Retard de la Sixte, produisant Septième mineure. | Harmonie Simple. | Retard de la Sixte, produisant Septième majeure.

EXERCICE SUR L'ACCORD DE SEPTIÈME MIXTE.

MARCHES D'HARMONIE.

Dans les *Accords de Suspension*, la note qui retarde doit être, autant que possible, placée à la partie supérieure la plus aigue.

Afin de pouvoir se conformer à cette règle, les exercices sur les *Accords de Suspension* ne seront écrits qu'à une position. Cette position, appelée *Position libre*, parcourt l'étendue des trois étudiées jusqu'à cet endroit de la Méthode. Le premier et le dernier accord doivent toujours être à la *Première Position*.

(1) Dans les exercices de cette Méthode, les syncopes sont écrites en notes répétées, afin d'éviter à l'élève la difficulté des notes tenues. On pourra s'exercer plus tard à accompagner en syncopes, en copiant quelques exercices de la manière dont je vais transcrire les premières mesures de celui-ci.

EXERCICE TRANSCRIT EN SYNCOPES.

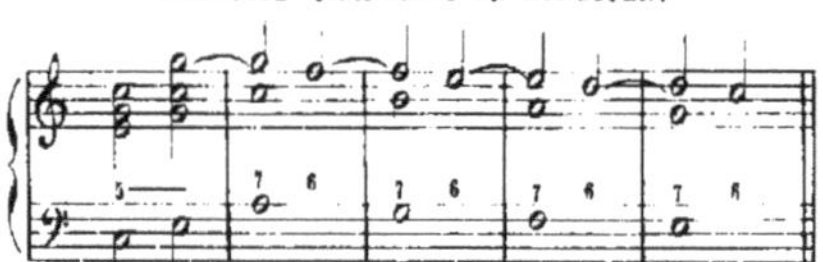

Cette manière d'accompagner est usitée principalement sur *l'Orgue*.

MARCHES D'HARMONIE.

(2) Un mouvement de Basse, répété pendant plusieurs mesures de suite, montant ou descendant progressivement, et chiffré régulièrement, s'appelle une *Marche d'harmonie*. Les parties supérieures doivent procéder aussi par mouvements réguliers. La septième mixte s'emploie principalement dans les *Marches d'harmonie*.

(3) On voit par cette marche que, bien que la *Septième mixte* ait pris naissance du *retard de la sixte*, elle peut cependant se résoudre sur un autre intervalle. Dans tous les cas la septième doit toujours être *préparée*. On peut ajouter la *quinte* à l'accord de *Septième mixte* lorsque la 7me ne se résout pas immédiatement sur la sixte, ou bien, lorsque la *quinte* est *préparée* et se résout aussi sur la sixte. On peut ajouter *l'Octave* de la note de Basse, toutes les fois que cette octave ne gêne pas le mouvement des parties supérieures. Dans les marches de septièmes, on supprime presque toujours la quinte et l'octave.

LEÇONS SUR L'ACCORD DE SEPTIEME MIXTE.

Les leçons sur les accords de suspension devront etre accompagnées et écrites seulement à la position libre.

En UT Maj.

En SOL.

En FA.

DES RENVERSEMENTS DE LA SEPTIÈME MIXTE.

La *Septième mixte*, avec la quinte ajoutée, comme par exemple ou donne trois renversements, son premier renversement se compose de tierce, quinte et sixte. Il se nomme *Accord de quinte et sixte*, et se chiffre par $\frac{6}{5}$. La quinte doit être *préparée*, et descendre d'un degré, comme *Dissonnance* de seconde contre la sixte.

Son second renversement se compose de tierce, quarte et sixte. Il se nomme accord de *tierce et quarte* et se chiffre par $\frac{4}{3}$. La tierce doit être *préparée*, et descendre d'un dégré comme *Dissonnance* de seconde contre la quarte.

Son troisième renversement se compose de seconde, quarte et sixte. Il se nomme accord de *Seconde*, et se chiffre par 2. La note de Basse formant seconde doit être *préparée*, et descendre d'un degré. (1)

De même que pour la *Septième mixte*, les Intervalles composant ces Renversements ne doivent être alterés qu'autant que des signes d'alteration sont placés à la clé, ou devant les chiffres.

Les Renversements de la *Septième mixte* s'emploient principalement dans les *marches d'Harmonie*.

EXERCICE SUR LES RENVERSEMENTS DE LA SEPTIÈME MIXTE.

(1) Afin de ne pas confondre cet accord avec le troisième renversement de la *Septième sensible*, il faudra faire les remarques suivantes.

Dans le mode majeur, le troisième renversement de la *Septième sensible* se pose sur le sixième degré, et dans le mineur sur la tonique. Tout accord chiffré par 2 est un renversement de la *Septième mixte* s'il est placé sur d'autres degrés que ceux indiqués précédemment.

(2) Le deuxième renversement de la *Septième mixte*, est inusité à cause de sa dureté. Il ne sera pas employé dans les leçons.

RETARD DE L'OCTAVE, PRODUISANT ACCORD DE NEUVIÈME.

ACCORDS DE NEUVIÈME MAJEURE ET DE NEUVIÈME MINEURE DOMINANTE.

Le retard de l'octave, dans l'Accord Parfait, produit un accord composé de tierce, quinte et neuvieme; et qui se chiffre par 9. Il se nomme accord de *Neuvième*. La *Neuvième* doit être *préparée* et descendre d'un degré. Il ne faut jamais doubler la note de Basse.

EXEMPLE.

Harmonie Simple.

Retard de l'Octave produisant accord de Neuvième

EXERCICE SUR L'ACCORD DE NEUVIÈME.

RETARD DE LA TIERCE, PRODUISANT ACCORD DE QUARTE ET QUINTE.

Le retard de la tierce, dans l'accord parfait, produit un accord composé de quarte et quinte et qui se chiffre par $\frac{5}{4}$, il s'appelle accord de *quarte* et *quinte*, on peut y ajouter l'octave de la basse. La *quarte* doit toujours être préparée et descendre d'un degré.

---

(1) *L'Accord Parfait* est chiffré ici par un 8 parceque la Neuvième fait sa *résolution* sur l'octave.

(2) Bien que la *Neuvième* ait pris naissance du retard de l'octave, elle peut cependant se résoudre sur un autre intervalle.

ACCORDS DE NEUVIÈME MAJEURE ET DE NEUVIÈME MINEURE DOMINANTE.

(3) L'accord de *Neuvième majeure Dominante* se compose de tierce majeure, quinte juste, septième mineure et neuvième majeure. Il se chiffre par $\frac{9}{7+}$. La *Septième* et la *Neuvième* doivent descendre d'un degré, et la tierce monter d'un degré.
Cet accord se pose sur la Dominante, et fait sa résolution sur la Tonique.
Il peut être attaqué *sans préparation*. *Exemple* ....

En substituant la neuvième mineure à la neuvième majeure, toutes les règles précédentes s'appliquent à l'accord de *Neuvième mineure dominante*.
Cet accord se chiffre par $\frac{\flat 9}{7+}$. *Exemple* ....

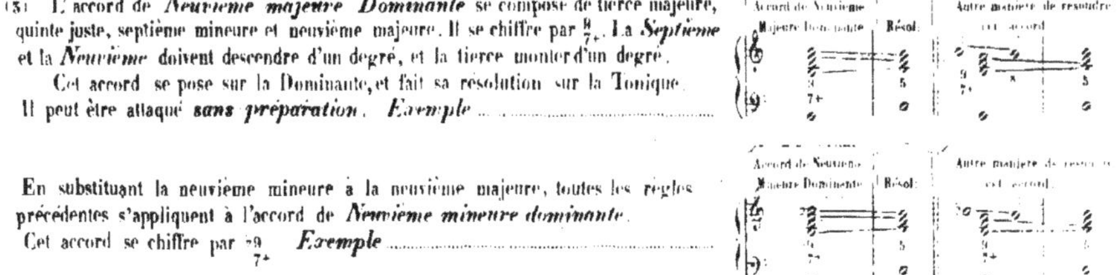

Ces accords se forment en ajoutant l'Intervalle de neuvième majeure ou mineure à l'accord de Septième dominante. Ils sont généralement peu usités.

EXEMPLE.

EXERCICE SUR L'ACCORD DE QUARTE ET QUINTE.

En UT.

Marche de quintes retardant la Sixte.

Marche de Sixtes.

Marche de quarte et quinte.

Marche de Septièmes dominantes. (1)

Marche de Neuvièmes et de quarte et quinte.

LEÇONS SUR L'ACCORD DE QUARTE ET QUINTE.

En UT.

En SOL.

En FA.

(1) Remarquez que cette marche de *Septièmes dominantes*, se résolvant l'une par l'autre, module à chaque note. Il y a des progressions qui modulent et d'autres qui ne modulent pas; ces dernières ont la propriété de suspendre l'idée du ton qui ne se manifeste qu'à la terminaison. Elles sont les plus usitées et sont chiffrées assez ordinairement par des accords de prolongation.

L'accord parfait et son premier renversement s'emploient aussi quelquefois dans des marches qui ne modulent pas.

Les deux premières *marches* de cette leçon en sont des exemples.

Les Accords de ***Septième mixte, neuvième,*** et ***quarte et quinte,*** sont les ***Retards*** ou ***Accords de prolongation*** les plus usités. Je vais donner, seulement comme exemple, quelques autres Retards.

Harmonie Simple. — Retard de la Tierce à la Basse, dans l'accord de Sixte. — Harmonie Simple. — Retard de la Sixte dans le 6/4. — Harmonie Simple.

Retard de la Tierce dans l'accord de 7me Domin. — Harmonie Simple. — Retard de la Tierce à la basse, dans l'accord de Sixte et Quinte dimin. — Harmonie Simple.

Retard de la Sixte dans l'accord de Sixte sensible. — Harmonie Simple. — Retard de la quarte dans l'accord de Triton. — Harmonie Simple.

Retard de l'Octave et de la Tierce dans l'Accord Parfait. — Harmonie Simple. — Double retard de la Sixte dans l'accord de Sixte. — Harmonie Simple. — Retard de la Sixte et de la Quarte dans l'accord de 6/4 et 6/3.

On désigne les Accords de ***Prolongation,*** sauf l'accord de ***Septième mixte,*** et celui de ***neuvième,*** par le nom des intervalles dont ils sont composés. Ainsi l'on dira accord de ***Seconde et quinte,*** (5/2), accord de ***quarte*** et ***septième,*** (7/4). etc. Dans les ***Basses chiffrées,*** les accords de prolongation sont indiqués par autant de chiffres qu'il y a d'intervalles.

ARTICLE 21.

DE L'ALTÉRATION DES INTERVALLES DES ACCORDS.

Les intervalles des accords peuvent être altérés momentanément.

EXEMPLE.

ACCORDS ALTÉRÉS LES PLUS USITÉS. ACCORD DE SIXTE AUGMENTÉE.

Altération de la Quinte dans l'Accord Parfait Majeur. — Altération de la Tierce dans l'Accord de Sixte. — Altération de la note de Basse dans l'accord de Quarte et Sixte. — Altération de la note de Basse dans l'accord de 5te dimin. et 6te Sensible. — Accord de Sixte Augmentée.

Les Accords altérés peuvent être attaqués sans être précédés des accords naturels.

EXERCICE SUR LES ACCORDS ALTÉRÉS,

ET SUR L'ACCORD DE SIXTE AUGMENTÉE.

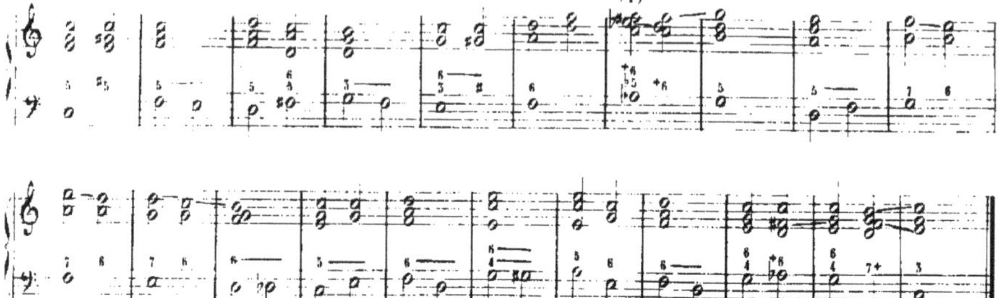

LEÇONS SUR LES ACCORDS ALTÉRÉS,

ET SUR L'ACCORD DE SIXTE AUGMENTÉE.

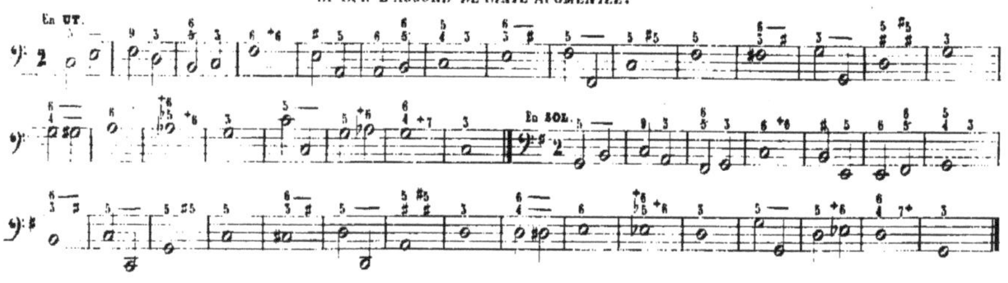

ACCORD DE SIXTE AUGMENTÉE.

(1) L'accord de *Sixte augmentée*, produit par l'altération de l'accord de *quinte diminuée* et *Sixte sensible*, se compose de tierce majeure, quinte juste et sixte augmentée. Cet accord se chiffre par $^{+6}_{\flat 5}$. la quinte descend d'un degré et la sixte monte d'un degré, il se place sur une seconde mineure se résolvant sur l'Accord Parfait. Les deux quintes de suite qui résultent de sa résolution sont tolérées. *Exemple*..

L'altération de l'accord de *Sixte sensible*, peut donner aussi un accord de *Sixte augmentée* composé de tierce majeure, quarte augmentée et sixte augmentée. Cet accord se chiffre par +6 la tierce descend d'un degré et la sixte monte d'un degré, il se pose et fait sa résolution comme l'accord précédent mais sans qu'il en résulte deux quintes de suite. *Exemple*..................

Quelquefois le premier de ces Accords se résout sur le second (A), Ils peuvent aussi se résoudre tous deux sur l'accord de *Quarte et Sixte*, majeur et mineur. (B)

(A) (B) *EXEMPLE.*

Quelquefois on remplace la croix devant le 6 par un dièze ou un bécarre, suivant le ton ou l'on est.

Je vais donner, seulement comme exemple, quelques autres altérations d'accords.

Altération de la Tierce dans l'Accord parfait majeur.

Altération de la note de Basse dans l'accord de Sixte.

Altération de la 6te dans l'accord de Sixte et Quinte.

Altération de la quinte dans l'accd de 7me Domi.

ARTICLE 22.

CADENCES.

On a déjà vu, page 18, qu'un mouvement de Basse allant de la dominante à la tonique s'appelle *Cadence parfaite*. Il y a trois autres mouvements de Basse appelés aussi cadences, savoir: ***Cadence imparfaite*** ou demi cadence, lorsqu'on fait un repos sur la dominante. ***Cadence rompue*** lorsqu'après la dominante on fait entendre tout autre note que la tonique. ***Cadence plagale***, lorsque la sous dominante majeure ou mineure va à la tonique. Cette dernière cadence est employée particulière-ment dans la musique d'un sentiment religieux.

EXEMPLE.

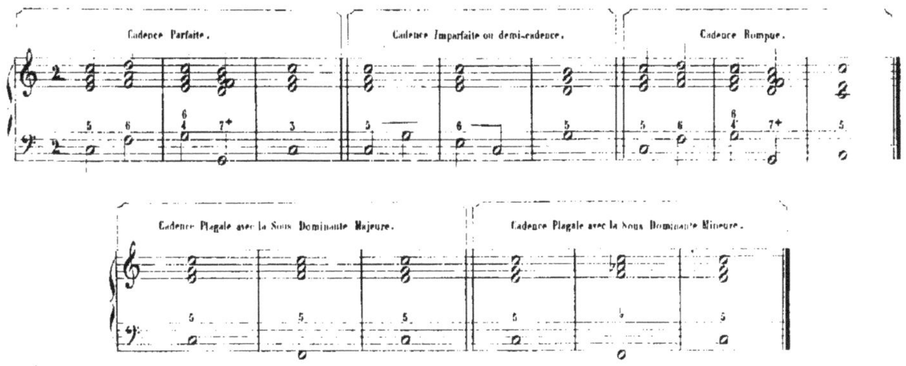

ARTICLE 23.

DES NOTES DE PASSAGE, DE L'IMITATION, DE L'APPOGIATURE ET DE L'ANTICIPATION.

Je vais rappeler d'abord ce que j'ai dit, page 16, concernant les *Notes de Passage*.

On appelle ***note de passage***, une note qui ne fait pas partie de l'harmonie indiquée par la Basse et qui passe par **degrés** conjoints entre deux notes de l'accord.

Les notes de passage sont employées principalement pour former la Mélodie qui, ordinairement est placée à la partie supérieure. Cependant, elles peuvent être employées aussi dans les parties intermédiaires, ou à la Basse, lorsqu'on veut rendre ces parties chantantes ou lorsqu'elles procèdent par *Imitation*.

DE L' IMITATION.

Une *Imitation* est un dessin regulier formé par plusieurs parties repétant alternativement la même phrase.

EXEMPLE.

IMITATION À L'OCTAVE SUPÉRIEURE. IMITATION À LA QUINTE INFÉRIEURE.

IMITATION À LA QUARTE SUPÉRIEURE.

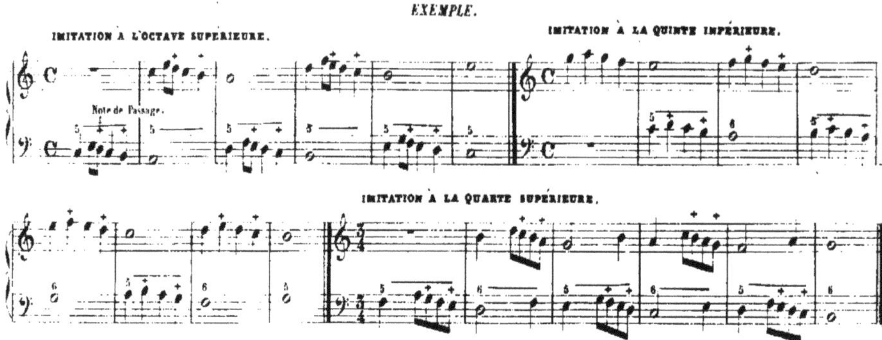

Les *Imitations* sont appelées à *l'octave*, à la *quinte* et à la *quarte;* suivant que la partie qui imite commence à *l'octave*, à la *quinte*, ou à la *quarte* de la partie qui propose l'Imitation.

On peut faire des *Imitations* à la Seconde, à la Tierce, à la Sixte et à la Septième, mais les meilleurs intervalles sont ceux indiqués ci-dessus.

DE L'APPOGIATURE.

On appelle *Appogiature* une note placée avant la note réelle de l'accord. *L'appogiature* doit être à un degré supérieur ou inférieur de la note réelle et peut être attaquée sur le temps fort.

EXEMPLE.

APPOGIATURES. Supérieures. APPOGIATURES Inférieures.

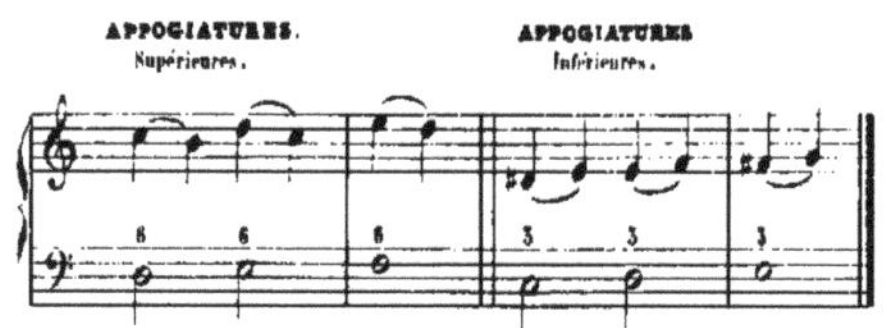

Les *Appogiatures* sont souvent indiquées par des *petites notes*.

EXEMPLE.

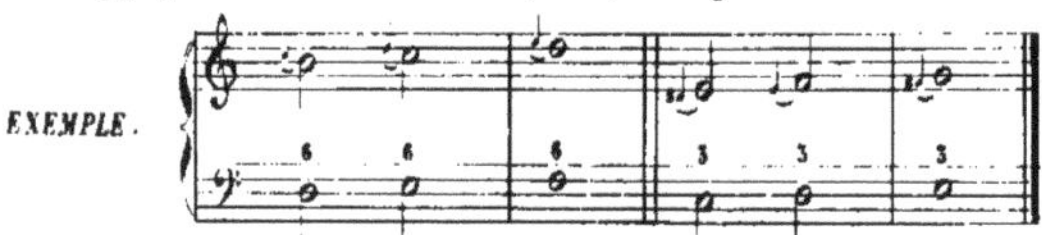

DE L'ANTICIPATION.

On appelle *Anticipation* une note qui anticipe sur l'harmonie du temps suivant.

EXEMPLE.

ANTICIPATIONS.

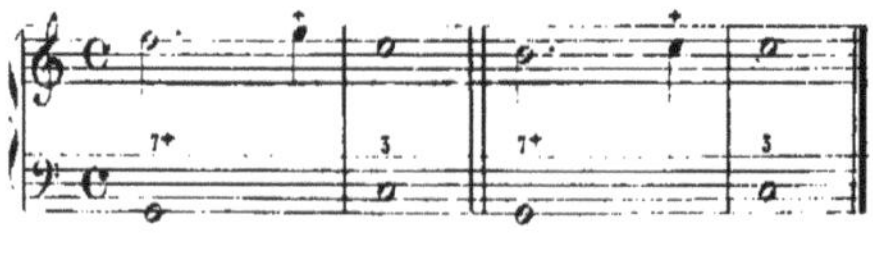

ARTICLE 24.

DU GENRE DIATONIQUE, DE LA GAMME ET DES PASSAGES CHROMATIQUES, DE L'ENHARMONIE, DES DEMI TONS DIATONIQUES ET CHROMATIQUES.

La gamme ***Diatonique*** est celle qui est composée de cinq tons et deux demi-tons dans le mode majeur et mineur, comme par exemple, la gamme ***d'ut majeur*** ou de ***la mineur***. Tout morceau de musique composé d'après la constitution de ces gammes est un morceau appartenant au genre ***Diatonique***, ce genre est le seul qui soit usité.

La gamme ***Chromatique*** est celle qui procède par demi-tons.

EXEMPLE.

GAMME CHROMATIQUE

Cette suite de demi-tons est appelée ***Gamme***, parcequ'elle finit à une octave de distance par la note qui la commence.

Un ***passage chromatique*** est une suite de demi-tons commencant et finissant par deux notes différentes

EXEMPLES.

PASSAGES CHROMATIQUES.

ENHARMONIE.

L'enharmonie est une modulation qui se fait au moyen de deux notes changeant de nom sans changer de son d'une manière sensible.

EXEMPLE.

ENHARMONIE OU MODULATION ENHARMONIQUE

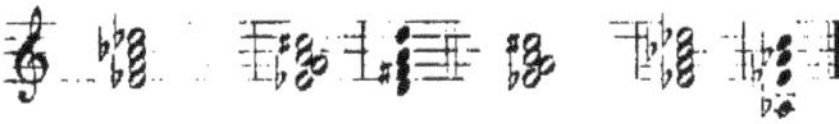

Au moyen de l'enharmonie on passe d'un ton avec des Bémols dans un ton avec des dièzes; ou le contraire

DEMI-TON DIATONIQUE.

Le demi-ton diatonique est celui qui existe entre deux notes changeant de nom.

EXEMPLE.

DEMI-TON DIATONIQUE

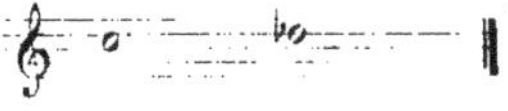

DEMI TON CHROMATIQUE.

Quoiqu'on nomme ***Chromatique*** une succession de demi tons, on ne doit cependant appeler demi-ton ***Chromatique*** que celui qui existe entre deux notes portant le même nom mais dont l'une est alterée.

EXEMPLE.

DEMI-TON CHROMATIQUE

ARTICLE 25.

DE LA PÉDALE ET DE L'ACCORD APPELÉ ONZIÈME TONIQUE.

La *Pédale* est une note tenue à la basse, sur laquelle on peut faire passer des accords qui lui sont étrangers, mais qui de temps en temps doivent faire entendre la note prolongée. Cette dénomination vient de ce que, sur l'orgue, cette note tenue est produite par un clavier en *Pédales* qui se joue avec les pieds.

La *Pédale* se fait sur la tonique et la Dominante.

On employe souvent sur la Pédale de Tonique l'accord de Septième de la Dominante. Cet accord se chiffre par +7. Quelques auteurs l'appellent *Onzième Tonique*. Il peut se résoudre de plusieurs manières.

EXEMPLE.

PÉDALE SUR LA TONIQUE.

La *Pédale* sur la Dominante ne se chiffre pas.

EXEMPLE.

PÉDALE SUR LA DOMINANTE.

Dans la *Pédale* de *Dominante* c'est la partie venant immédiatement après la note tenue qui est la véritable basse.

Par analogie, on appelle *Pédale* une note tenue dans les parties supérieures.

EXEMPLE.

PÉDALE SUPÉRIEURE.

ARTICLE 26.

LEÇONS DANS DIFFÉRENTES MESURES.

Les leçons suivantes devront être accompagnées et écrites seulement à la position libre.

En SOL Majeur.

En Mi Mineur.

En Ré Majeur.

En Si Mineur.

En FA Majeur.

En RÉ Mineur.

ARTICLE 27.

DE DIFFÉRENTES FORMULES EMPLOYÉES DANS LES BASSES CHIFFRÉES,

SERVANT D'ACCOMPAGNEMENT AUX SOLFÈGES.

Lorsque plusieursnotes de Basses sont chiffrées consécutivement par des 8, ces notes doivent être accompagnées en ***Unissons:*** c'est à dire sans autres intervalles que l'octave.

EXEMPLE.

Ces Signes, 8 / 3 3 3 3 3 3, indiquent que l'octave de la première note de basse doit être tenue, pendant que les autres notes sont accompagnées seulement de leur tierce.

EXEMPLE.

Souvent, les notes qui doivent être accompagnées par ***l'Accord parfait***, ne sont pas chiffrées. Surtout lorsqu'elles ne servent pas de ***résolution*** à une dissonnance.

EXEMPLE.

ARTICLE 28.

DE LA MANIÈRE D'ACCOMPAGNER ET D'ÉCRIRE À TROIS PARTIES.

Dans l'accompagnement au Piano, on emploie indifféremment trois, quatre, ou cinq parties, soit pour éviter des fautes, ou pour conserver une position. Les exercices de cette Méthode ont tous été écrits d'après ce système, parce-que c'est celui qui est usité dans la pratique. Cependant, il y a une autre manière d'accompagner et d'écrire. Cette manière consiste à ne mettre jamais que deux notes dans les parties supérieures, ces deux notes ajoutées à la Basse constituent ***l'Harmonie à trois parties***. Il sera utile de s'exercer à ce genre d'accompagnement afin de se familiariser autant que possible avec les accords.

Dans ***l'Harmonie à trois parties***, la seconde (2) et le triton (+4) pourront être accompagnés par $^{4}_{2}$, l'accord parfait (5) par $^{5}_{3}$, ou $^{8}_{3}$, l'accord de Sixte (6) par $^{6}_{3}$, la septième dominante (7+) par $^{7}_{3}$, la septième diminuée (7̶) par $^{7}_{3}$, la septième mixte (7) par $^{7}_{3}$, et la neuvième (9) par $^{9}_{3}$. tous les accords représentés par deux chiffres devront être accompagnés des deux intervalles représentés par ces chiffres.

EXEMPLE D'HARMONIE À TROIS PARTIES.

On pourra s'exercer à accompagner et à écrire à ***trois parties***, en commençant aux premières leçons sur l'accord de ***Septième dominante*** page 18. Ces leçons devront être accompagnées et écrites seulement à la ***première position***.

ARTICLE 29.

DE LA TRANSPOSITION.

Transposer un morceau, c'est le changer de ton. Remarquez que, changer de ton ne veut pas dire changer de ***Mode***, et qu'un ton majeur ne peut jamais être transposé dans un ton mineur, de même qu'un ton mineur ne peut l'être dans un ton majeur.

Lorsqu'on transpose, il faut toujours prendre la *Tonique* pour point de comparaison: ainsi, si un morceau en *Ut* doit être transposé en *Ré*, il faudra nécessairement lire un degré au dessus de ce qui est écrit, puisque l'Ut deviendra Ré.

MANIÈRE D'ÉTUDIER LA TRANSPOSITION,

ET D'ACQUÉRIR LA CONNAISSANCE DES DIFFÉRENTES CLÉS.

L'élève prendra, dans un Solfège, des leçons en *Clé de Sol* et dans le ton d'Ut, il jouera la partie chantante sur le Piano, puis, il la transposera graduellement de trois degrés supérieurs et de trois degrés inférieurs. On devra pratiquer plusieurs leçons sur la même transposition.

La leçon en Ut sera alternativement, pour les degrés supérieurs, en Ré, Mi et Fa et pour les degrés inférieurs en Si, La et Sol. On commencera par les tons les plus simples. C'est à dire Ré naturel Mi bémol, Fa naturel, Si bémol, La naturel et Sol naturel.

Dans les Exemples suivants, les différentes clés sont considérées seulement sous le rapport de la transposition.

DEGRÉS SUPÉRIEURS.

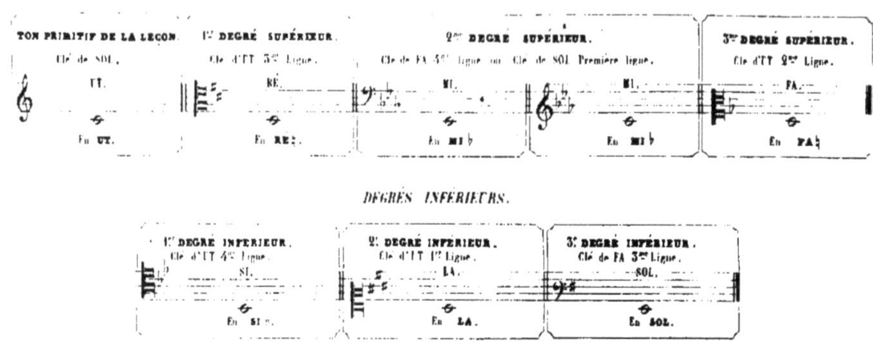

DEGRÉS INFÉRIEURS.

1er DEGRÉ INFÉRIEUR.	2e DEGRÉ INFÉRIEUR.	3e DEGRÉ INFÉRIEUR.
Clé d'UT 4me Ligne.	Clé d'UT 1re Ligne.	Clé de FA 3me Ligne.
SI.	LA.	SOL.
En SI♭.	En LA.	En SOL.

Lorsqu'on transpose, les tons et les demi-tons doivent toujours être à la même place que dans le ton primitif. D'après cette règle l'élève se rendra compte des diverses mutations d'accidents qui se rencontrent dans la transposition. Ces théories ne pourront être développées et complétées qu'au moyen de la pratique.

ARTICLE 30.

DE LA RÉDUCTION AU PIANO DES PARTITIONS D'ORCHESTRE.

Un orchestre se compose de trois sortes d'instruments: 1° Les Instruments à cordes et à Archet. 2° Les Instruments à vent. 3° Les Instruments à percussion. Les Instruments à cordes sont, les Violons, les Altos ou Quintes, les Violoncelles et les Contrebasses. Les Instruments à vent sont, les Flûtes, Hautbois, Clarinettes, Cors, Trompettes, Bassons, Cor Anglais, Trombones et Ophicleides.

Les Instruments à percussion sont, les Timbales, la Grosse Caisse, les Cimbales et le Triangle.

La partie principale de l'orchertre est le Quatuor, composé des Instruments à cordes, et divisé de la manière suivante: premiers violons, seconds violons, altos et violoncelles. La partie des violoncelles est doublée par les contre-basses. Les Instruments à vent, bien qu'ils soient employés souvent dans la masse de l'orchestre, jouent aussi quelquefois seuls. Ce que l'on appelle un *Solo*.

Les Timbales s'accordent suivant le ton dans lequel elles sont employées, et ne font que deux notes qui sont, ordinairement, la Tonique et la Dominante. La Grosse Caisse, les Cimbales et le Triangle, n'ont qu'une seule note, ou plutôt qu'un seul timbre qui s'applique à tous les tons. Toutes ces parties réunies, et écrites l'une sous l'autre, constituent une Partition d'Orchestre. On accompagne la Partition en réduisant ces différentes parties, et en faisant entendre sur le Piano ce qu'elles ont de plus essentiel. Il faut s'attacher d'abord à rendre le *Quatuor* en l'arrangeant de la manière la plus favorable au doigté du Piano. Les *Solos* doivent être exécutés, autant que possible, tels qu'ils sont écrits. Souvent la main gauche réduit seule le *Quatuor*, tandis que la main droite exécute un *Solo*.

Les *Cors* sont toujours écrits en Ut, et se tranposent suivant le ton où ils sont employés. Le ton d'Ut s'exécute une octave audessous de ce qui est écrit. La Transposition des degrés supérieurs se joue de même à l'octave inférieure.

EXEMPLE.

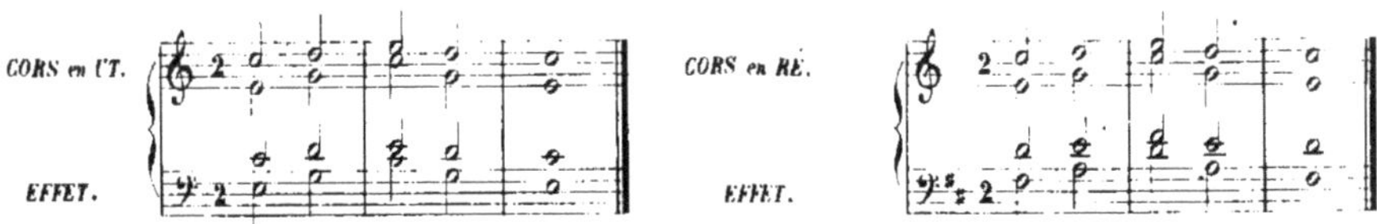

Les *Trompettes* transposent également, mais le ton d'Ut se joue à l'octave où il est écrit, et dans les autres tons la tranposition des degrés inférieurs s'exécute à l'octave supérieure.

EXEMPLE.

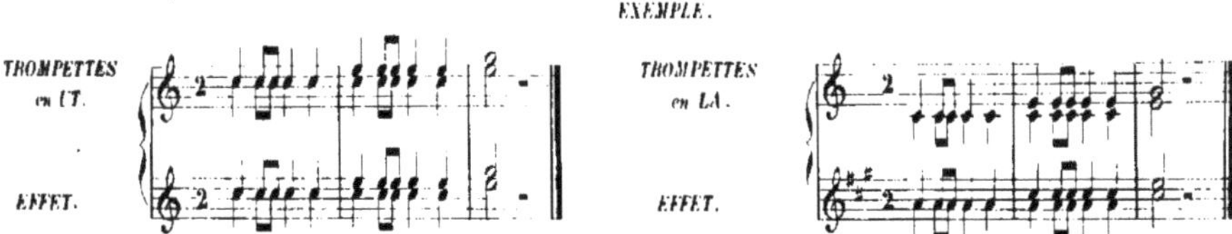

On obtient la transposition des Cors et des Trompettes au moyen de corps de rechange que l'on adapte à l'instrument.

Il y a trois *Clarinettes*. 1° La *Clarinette* en *Ut*, qui joue ce qui est écrit en *Clé de Sol*. 2° La *Clarinette en Si* ♭, qui transpose d'un degré inférieur, et, par cette raison, joue toujours en *Clé d'Ut quatrième ligne*. 3° La *Clarinette* en *La naturel*, qui transpose de deux degrés inférieurs, et joue toujours sur la *Clé d'Ut première ligne*.

EXEMPLE.

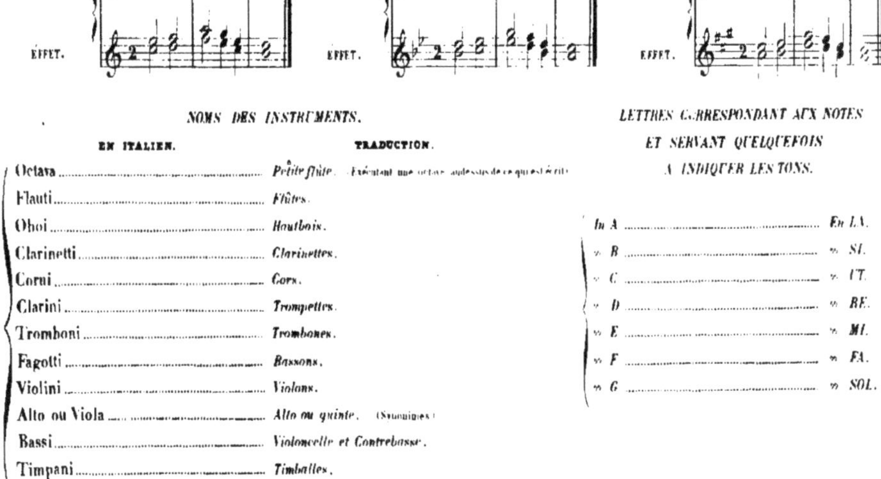

NOMS DES INSTRUMENTS.

EN ITALIEN.	TRADUCTION.
Octava	*Petite flûte.* (Exécutant une octave au-dessus de ce qui est écrit)
Flauti	*Flûtes.*
Oboi	*Hautbois.*
Clarinetti	*Clarinettes.*
Corni	*Cors.*
Clarini	*Trompettes.*
Tromboni	*Trombones.*
Fagotti	*Bassons.*
Violini	*Violons.*
Alto ou Viola	*Alto ou quinte.* (Synonimes)
Bassi	*Violoncelle et Contrebasse.*
Timpani	*Timballes.*

LETTRES CORRESPONDANT AUX NOTES ET SERVANT QUELQUEFOIS A INDIQUER LES TONS.

In A	En LA.
» B	» SI.
» C	» UT.
» D	» RE.
» E	» MI.
» F	» FA.
» G	» SOL.

On ne saurait trop recommander aux élèves d'analyser les ouvrages composés par les grands maîtres, d'abord sous le rapport de l'harmonie, en observant comment les accords sont employés, soit dans des Partitions, ou des ouvrages de Pianò. Ensuite,et seulement pour l'accompagnement de la Partition, en comparant ensemble les deux mêmes opéras,dont l'un sera à grand orchestre, et l'autre arrangé avec accompagnement de Piano.

www.ingramcontent.com/pod-product-compliance
Ingram Content Group UK Ltd.
Pitfield, Milton Keynes, MK11 3LW, UK
UKHW021648260726
13994UKWH00003B/1342